아르스 비벤디ars vivendi

어떻게 살아야 하는가?

아르스 비벤디ars vivendi
어떻게 살아야 하는가?

초판1쇄 인쇄 2023년 6월 16일
초판1쇄 발행 2023년 6월 23일

지 은 이 이유택
펴 낸 이 신일희
펴 낸 곳 계명대학교 출판부
출판등록 제347-1998-1호(1970. 9. 1)
주 소 대구광역시 달서구 달구벌대로 1095
대표전화 053-580-6233
팩 스 053-580-6235
홈페이지 www.kmupress.com

ISBN 979-11-6516-185-9 93160 정가 14,000원

아르스 비벤디ars vivendi

어떻게 살아야 하는가?

이유택

계명대학교 출판부

차례

Contents

Ⅲ.

Ⅳ.

들어가는 말

Preface

“학문은 의미가 없다. 왜냐하면 학문은 ‘무엇을 해야 하는가?’, ‘어떻게 살아야 하는가?’라는 문제에 대해 어떤 대답도 해주지 않기 때문이다.” 『직업으로서의 학문』에서 베버Max Weber가 남긴 말이다.[01] 베버의 이 말은 철학이라는 학문에도 적용될 수 있는가?

철학이라는 학문이 - 베버의 주장처럼 - ‘무엇을 해야 하는가?’, ‘어떻게 살아야 하는가?’라는 물음에 대해 최종 대답을 주지 않음은 분명해 보인다. 그러나 철학이라는 학문이 ‘무엇을 해야 하는가?’, ‘어떻게 살아야 하는가?’라는 물음을 그 어떤 다른 학문보다 절박하게 던져왔음은 부인할 수 없는 사실이다. 또한 철학이라는 학문이 이 물음을 단순히 제기할 뿐만 아니라, 그 물음에 대답하기 위해서 안간힘을 써온 것도 분명한 사실이다. 물론 철학은 ‘어떻게 살아야 하는가?’라는 물음에 대한 ‘최종’ 대답을 주고자 하지 않는다. 오히려 철학은 그 어떤 대답도 '최종적'일 수 없음을 강조한다. 그러나 이처럼 철학이 어떤 대답도 '최종적'인 것으로 인정하지 않으려는 열린 태도, 이러한 개방성을 바탕으로 질문을 멈추지 않으려는 노력이야말로 철학이라는 학문의 사명이자 본질인지도 모른다.

오늘날 '어떻게 살아야 하는가?'라는 물음이 – 행복의 의미와 가능 조건에 대한 탐구의 형태로 – 다시 철학의 주요 쟁점으로 자리 잡게 된 것은 결코 우연이 아니다. 이 물음을 둘러싸고 벌어지는 철학적 논의에서 절대적 우위를 가진 입장은 존재하지 않는다. 다양한 입장과 주장들이 상보적 양상을 보이며 팽팽하게 맞설 뿐이다. 이러한 철학적 논의의 양상을 체계적으로 정리하여 보여주고자 하는 데에 이 책의 일차적 목표가 있다.

삶의 기술ars vivendi에 대한 철학자들의 다양한 입장과 의견을 정리하고 드러내고자 하는 목표를 달성하기 위해 이 책은 행복한 삶의 의미와 방식을 세 가지 키워드로 구별한다.

첫 번째 키워드는 '쾌락 추구'이다. 행복의 키워드를 '쾌락'에서 찾는 '쾌락주의적' 입장은 행복한 삶의 가장 중요한 요소를 인간이 주관적으로 느끼는 쾌락에서 찾는다. 쾌락의 관점에서 '어떻게 살아야 하는가?'에 대한 대답은 당연히 '쾌락을 추구하며 살아라!'이다. 이때 쾌락은 우선 좁은 의미에서 감각적 쾌락을 의미할 수 있다. 이런 의미의 쾌락은 어떤 욕구의 결핍이 해소되거나 특정 감각기관의 자극을 통해서 발생한다. 그러나 넓은 의미에서 쾌락은 다양한 종류의 주관적 평안함과 안락함, 즐거움과 기쁨의 상태로까지 확대될 수 있다. 공리주의적 쾌락원칙에 따르면 모든 인간은 태어나면서부터 쾌락의 증가와 고통불쾌의 감소를 지향한다. 순간적이고 감각적인 쾌락을 억제하라는 일견 '금욕주의적' 가르침도 보다 지속적이고 고차원적인 '쾌락'의 실현을 위한 것인 한, 쾌락주의의 범주를 벗어나지 못한다. 여기서 우리는 묻게 된다. 쾌락이 삶의 '목표'일 수 있을까? '행복한 삶'이 과연 쾌락 – 그게 감각적 쾌락이든, 정신적 즐거움과 기쁨이든 – 의 집적 혹은 연속을 의미하는 것일까? 일찍이 아리스토텔레스가 강조했듯이, 쾌락은 그 자체가 삶의 목표일 수는 없고, 단지 어떤 다른 삶의 목표와 가치를 지향할 때 자연스럽게 따라오는 수반 현상에 불과한 게 아닐까?

두 번째 키워드는 '자기실현'이다. 자기실현의 관점에서 볼 때, 행복한 삶은 어떤 궁극적인 소망과 목표를 지향하는 삶을 의미한다. 행복은 쾌락의 순간이 많다고 해서, 쾌락이 오래 지속된다고 해서 실현되지 않는다. 삶의 궁극적인 소망과 목표의 실현을 위한 노력이 선행할 때 비로소 쾌락은 허용된다. 이런 관점에서 볼 때 '어떻게 살아야 하는가?'라는 물음에 대한 두 번째 대답은 '소망과 목표를 실현하기 위해 살아라!'이다. 이때 '소망'이 개인적 차원의 '주관적' 욕구라면, '목표'는 개인을 넘어서서 타인이 인정하는 '객관적' 소망을 의미한다. 모든 주관적 소망이 다 삶의 목표일 수는 없다. 어떤 소망이 삶의 궁극적인 목표가 되려면 그럴만한 근거와 정보가 제시될 수 있어야 한다. 삶의 궁극적인 목표를 달성하기 위해서는 면밀한 계획이 수립되어야 하고, 그 과정 자체가 의미 있고 즐거워야 한다. 그래서 목표 달성에 실패했을지라도 '행복한 삶'에 대해 말할 수 있어야 한다. 이것이 진정한 '자기실현의 행복'이다. 물론 소망과 목표를 가진다는 것이 행복을 보장하지는 않는다. 왜냐하면 소망이 충족되지 못할 때 인간은 오히려 큰 실망과 불행을 느낄 수밖에 없기 때문이다. 원하던 것을 성취했을 때 우리는 만족감과 함께 '행복'을 느끼지만, 원하던 것을 성취하지 못했을 때는 그만큼 더 좌절하고 실망한다. 그리고 이러한 좌절과 실망은 뼈저린 후회를 낳기도 한다. "실망 속에서 나는 그것을 원해서는 안 되는 것이었다고 생각한다."[02]

이처럼 소망 자체가 행복의 열쇠는 아니다. 소망 충족과 목표 달성이 우리에게 행복을 가져다줄지, 불행을 가져다줄지 선부른 예단은 금물이다. 그렇기에 소망 충족과 목표 달성의 행복에 대해 말하는 사람들은, 소망과 목표에 대한 성찰적 숙고의 중요성을 매우 강조한다. 자기의 소망과 목표에 대해 충분히 생각하고 그 성격을 잘 이해한 다음, 충족과 달성을 위한 노력 여부를 결정해야 한다. 자기의 소망과 목표가 얼마나 합리적인지, 그것의 충족과 달성이 얼마나 가치 있고 바람직한지에 대한 신중한 검토가 반드시 이루어져야 한다.

세 번째 키워드는 '가치 추구'다. 앞선 논의가 행복한 삶의 의미와 방식을 쾌락, 소망, 목표와 연결함으로써 '주관적' 차원에서 이해한다면, '가치 추구'의 입장은 행복한 삶의 가능성을 '객관적' 차원에서 모색한다. '가치'는 한 개인의 주관적 감정이나 소망 혹은 목표와 달리 객관적, 보편적, 초월적 성격을 띤다. 가치 추구의 관점에서 볼 때, 행복한 삶은 단순히 한 개인의 주관적 욕구 충족에서 오는 쾌락이나, 주관적 소망과 목표의 달성을 통해서가 아니라, '객관적' 가치의 실현을 통해서 이루어진다. 예컨대 생명, 안전, 건강과 같은 것들은 인간의 행복한 삶을 위해 어떤 다른 것보다 우선 제공되어야 할 '기본 가치'다. 또한 인간이 혼자 살아가는 존재가 아니라 타인과 함께 살아가는 사회적 존재인 한, 나의 행복을 추구할 때 타인의 행복도 함께 고려되어야만 한다. 나 혼자만의 개인적, 주관적 행복을 넘어서서 공동체 전체의 이익이 함께 존중되어야 한다. 노동과 유대, 놀이와 관조, 상호 인정과 호의, 공감의 공동체적 가치가 실현되지 않을 때 한 개인의 행복한 삶의 영위도 힘들어진다. 초월적 이상과 가치를 추구하는 사람은 설령 자기의 개인적 욕구와 소망과 목표의 달성에 어려움이 있더라도 얼마든지 행복에 대해 말할 '자격'이 있다.

이 책의 제목인 '아르스 비벤디ars vivendi'는 '아르스 모리엔디ars moriendi'와 짝을 이루고 사용되는 말이다. 전자는 삶의 기술, 후자는 죽음의 기술을 뜻한다. '죽음의 기술'이 인간의 존엄과 품위를 잃지 않고 '잘' 죽을 수 있는 방법이라면, '삶의 기술'은 죽음에 이르기까지 행복하게 '잘' 사는 방법을 가리킨다. 이 책은 바로 이런 의미에서 행복한 삶의 영위에 필요한 '기술'을 철학적으로 성찰해 본 것이다. 이 책의 일차적 독자는 아무래도 필자가 강의실에서 만나는 학생들이 될 것이다. 그러나 이 책은 학교 담장 밖 미지의 독자들을 위한 것이기도 하다. 행복한 삶의 영위에 대한 염원이 학생들만의 것일 수는 없다. 이 책이 행복한 삶의 의미와 방식에 관심을 가진 이들에게 약간의 도움이라도 줄 수 있다면 저자로서 더 바랄 나위가 없을 것이다.

끝으로 이 책이 나오기까지 많은 조언과 수고를 아끼지 않은 최상근 선생님과 계명대학교 출판부 선생님들께 깊은 감사의 마음을 전한다.

2023년 5월

성서 캠퍼스에서

이유택

I

'어떻게 살아야 하는가?'
: 물음의 근원성과 현재성

"행복한 삶, 성공적인 삶, 좋은 삶의 의미에 대한 물음이 현대 철학의 논의에서 르네상스를 맞이하고 있다. 소크라테스와 플라톤이 이 물음을 철학의 핵심 물음으로 규정한 이래 이 물음에 대한 이론적 탐구가 중단된 적은 없다."[03]

I

'어떻게 살아야 하는가?' : 물음의 근원성과 현재성

01
물음의 근원

'어떻게 살아야 하는가?'라는 물음은, 엄밀하게 말해서, 어떤 삶이 행복한 삶이고, 어떤 삶이 불행한 삶인지, 어떤 삶이 좋은 삶이고, 어떤 삶이 나쁜 삶인지, 그 '기준'을 문제 삼는다. 삶의 다양한 방식과 가능성 중 어느 것이 우리를 행복한 삶의 영위로 안내해 줄지에 대한 판단을 묻는다고도 말할 수 있겠다. 그러므로 '어떻게 살아야 하는가?'라는 물음을 진지하게 묻고, 그에 대한 대답을 얻고자 하는 사람은, 무엇이 삶을 '행복'하게 하는지, 무엇이 '행복'인지 '알아야' 한다.

'어떻게 살아야 하는가?'라는 물음을 철학의 으뜸가는 물음으로 만든 이는 바로 소크라테스다. 플라톤의 대화편에서 그려지고 있는 소크라테스의 모습은 도대체 어떤 삶이 더 좋은 삶인지, 어떤 삶이 '가장' 좋은 삶인지에 대해 끊임없이 물었던 사람이다. 삶의 '좋음'은 무엇에 의해 만들어지는가? 좋은 삶이라고 할 때 사람들은 '좋다'라는 말 아래에서 무엇을 염두에 두고 있는가? '좋은 의사', '좋은 연주자'라고 할 때의 '좋음'과 '좋은 칼', '좋은 시계'라고 할 때의 좋음이 같을 수는 없다. 어떤 대상과 결합하여 사용되느냐에 따라 '좋다'라는 말의 의미는 다르게 이해되기 때문이다.[04]

플라톤에 의하면 좋음과 나쁨은 한 사물의 에르곤ergon이 결정한다. 칼의 좋음과 나쁨은 칼의 에르곤, 시계의 좋음과 나쁨은 시계의 에르곤에 달려있다. 여기서 플라톤이 말하는 에르곤이란 어떤 것이 가지고 있는 고유한 본성과 기능일을 가리킨다. 칼의 에르곤, 칼의 칼다움을 결정하는 것은 그것이 얼마나 어떤 것을 잘 베고, 자르느냐 하는 것이고, 시계의 에르곤은 그것이 시간의 경과를 얼마나 정확하게 보여주느냐 하는 것이다. 이와 마찬가지로 의사의 에르곤은 그가 얼마나 아픈 사람을 잘 치료하느냐 하는 것이고, 연주자의 에르곤은 그가 얼마나 악기를 잘 다루느냐, 얼마나 잘 연주하느냐이다.

이처럼 어떤 것의 – 그것이 사물이든, 인간이든 – '좋음'은 그것의 에르곤에 의해 결정된다.[05] 좋은 칼은 그것의 에르곤, 즉 절단의 기능을 잘 실현한다는 것을 의미하고, 좋은 의사는 자신의 에르곤, 즉 치료의 기능을 잘 발휘하는 것이다. 그러므로 어떤 칼이 좋은 칼인지 아닌지를 판단하기 위해서는 칼의 에르곤이 무엇인지를 먼저 알아야 하고, 어떤 의사가 좋은 의사인지 아닌지를 판단하기 위해서는 의사의 에르곤이 무엇인지를 먼저 알아야 한다. 다시 말해서 내가 어떤 것의 에르곤이 무엇인지 알고 있지 않다면, 나는 그것의 좋음과 나쁨에 대해 판단할 수 없다.

플라톤의 제자 아리스토텔레스는 스승의 이러한 생각을 '좋은 삶이란 무엇인가?'라는 물음에 적용시킨다. 우선 아리스토텔레스는 에르곤이 '좋음'을 결정한다는 플라톤의 생각에 동의한다.[06] '좋은 삶이란 무엇인가?'라는 물음에 대답하려면, 삶의 에르곤이 무엇인지를 알아야 한다. 그런데 문제는 '삶'의 경우 – 칼이나 시계, 의사와 연주자의 경우와 달리 – 그것의 에르곤을 알기가 쉽지 않다는 것이다. 칼이나 시계, 의사와 연주자의 경우에는 그것의 기능에서 쉽게 발견되지만, '삶'의 경우는 그렇지 않다. 왜냐하면 삶은 실천적 활동, 즉 프락시스 praxis이기 때문이다. 실천적 활동으로서의 삶은 그 자체가 에르곤이기 때문에, 삶은 따로 목적을 가지고 있을 필요가 없다. 프락시스로서의 삶은 그 자체가 목적이다. 삶은 본질적으로 '자기 목적적'이다.

'좋은' 칼 혹은 '나쁜' 칼에 대해서 우리가 말할 수 있는 것은, 칼의 에르곤이 '절단'이라는 사실을 미리 알고 있기 때문이다. 그러나 삶은 – 칼과 달리 – 에르곤을 아예 가지고 있지 않기에 우리는 삶의 에르곤에 대해서도 미리 알 수 없고, 따라서 우리는 '좋은' 삶에 대해서는 – 좋은 칼에 대해 말하는 것과 달리 – 쉽게 말할 수 없다. 그렇다면 인간의 '좋은 삶'은 도대체 무엇을 의미하는 것인가? 인간적 삶의 좋음은 무엇에 의해 결정되는 것인가?

절단은 칼의 에르곤이고, 치료는 의사의 에르곤이다. 절단이라는 에르곤의 주체는 칼이고, 치료라는 에르곤의 주체는 의사이다. 그렇다면 삶이라는 에르곤의 주체는 누구인가? 이 물음에 대한 플라톤과 아리스토텔레스의 대답은 바로 '영혼'

이다. 플라톤과 아리스토텔레스가 보기에 삶은 – 인간의 삶은 물론이고 동식물의 삶까지도 – 영혼에 의한 것이다. 살아있는 모든 것은 영혼의 활동이다. 좋은 절단이 좋은 칼과 관계하고, 좋은 치료가 좋은 의사와 관계하고, 좋은 연주가 좋은 연주자와 관계하듯이, 좋은 삶은 좋은 영혼과 관계한다.

플라톤과 아리스토텔레스의 이런 설명에서 우리는 일종의 순환을 발견한다. 우리가 알고 싶은 것은 무엇이 좋은 삶이냐 하는 것이다. 이 물음에 대한 플라톤과 아리스토텔레스의 대답은 '좋은 영혼'을 가지는 것이다. 그렇다면 좋은 영혼은 무엇인가? 영혼의 좋음은 그것의 에르곤, 즉 삶이다. 좋은 삶은 좋은 영혼이고, 좋은 영혼은 좋은 삶이라니? 이것은 명백한 순환논법 아닌가? 물음과 대답이 서로 꼬리에 꼬리를 물면서 돌고 돈다. 그 어떤 새로운 정보도 우리에게 주어지지 않는다. 이런 동어반복적 대답은 무의미하고 공허하지 않은가?

그러나 이러한 실망은 성급한 감이 있다. 왜냐하면 '삶'은 매우 포괄적인 개념이고, 자세히 들여다보면, 많은 종류의 삶이 존재하기 때문이다. 동물의 삶과 식물의 삶이 다르듯이, 인간의 삶은 동식물의 삶과 근본적으로 다르다. 즉 인간적 삶의 에르곤은 동식물의 삶의 에르곤과 전혀 다르다. 인간과 동식물의 이 다름, 이 '차이'는 바로 '생각'에서 온다. 인간적 삶의 에르곤, 즉 인간적 영혼의 에르곤은 '생각'이다.[07] 이 말은 결국 좋은 삶은 '좋은 생각'의 에르곤을 얼마나 잘 실현하느냐에 달려있음을 의미한다. 바로 이것이 좋은 삶이란 무엇인가? 라는 물음에 대한 아리스토텔레스의 대답이다. 그러므로 – 적어도 아리스토텔레스의 관점에서 보자면 – 인간이 좋은 삶을 살기 위해서는 자신의 에르곤, 즉 '생각'을 최대한 잘 실현해야 한다. 좋은 삶의 의미와 방법에 대한 아리스토텔레스의 이러한 견해, 인간적 삶의 좋음이 그가 가진 에르곤의 실현을 통해 이루어진다는 생각 자체는 – 인간의 에르곤에 대한 생각이 시대마다 다르긴 해도 – 사라지지 않고 꾸준히 유지되었다. 에르곤이 각 사물 혹은 인간에게 미리 주어져 있는 '본질'과 같은 의미라면, 결국 좋은 삶은 본질의 실현을 의미한다. 자기의 본질을 실현하는 것, 즉 '자기실현'이야말로 바로 좋은 삶의 의미이자 조건이다. 이러한 생각은 오늘날에 이르기까지 이어져 내려오고 있다.

특히 우리가 주목할 필요가 있는 것은 플라톤이 에르곤 개념을 텔로스telos, 즉 목적 개념과 연결했다는 점이다. 사실 이 연결은 자연스럽다 못해 당연하기까지 하다. 왜냐하면 칼의 에르곤인 '절단'은 동시에 칼의 목적이기 때문이다. 우리가 칼을 만들어 사용하는 것은 결국 어떤 것을 베고 썰고 깎는 등 넓은 의미에서 '절단'인 것이다.[08] 아리스토텔레스 역시 에르곤과 텔로스의 동일성을 인정한다. 왜냐하면 어떤 것이 '좋다'는 것은, 본연의 목적을 훌륭하게 수행한다는 것을 의미하기 때문이다. 물론 목적이 어느날 갑자기 하늘에서 뚝 떨어진 것은 아니다. 목적은 인간이 자신의 어떤 의도나 욕구를 충족하기 위해서 만든 도구에게 부여한 것이다. 그러므로 우리는 '어떤 것이 좋은 것은, 우리가 부여한 목적을 위해 자신의 기능을 잘 실현할 때이다'라고 말할 수 있다.

목적 개념이 도입됨으로써 '좋음'의 의미 분석에는 새로운 전기가 마련된다. 에르곤의 개념은 인간의 의도와 욕구를 지시하지 않지만, 목적 개념은 그것들과 매우 잘 어울린다. 이제 어떤 것의 좋음은 인간의 의도와 욕구와 관련하여 규정되기에 이른다. 예컨대 좋은 교사는 '학생들을 가르친다'는 것, 즉 교육의 목적을 잘 수행하는 사람을 말한다. 즉 어떤 것이 '좋다'는 것은, 좋은 교사의 경우에서 잘 드러나는 것처럼, 어떤 것에 대한 우리의 요구와 욕구 혹은 기대를 잘 충족시켜 주는 것을 말한다.

플라톤이 에르곤 개념을 텔로스 개념과 연결시킴으로써 가능해진, '좋음'에 대한 이런 식의 이해는 얼핏 보면 아무 문제가 없다. 좋은 칼이나 좋은 교사나 어떤 목적을 위한 '수단'이라는 점에서는 다를 바 없다. 이것은 의사의 경우도 마찬가지다. 좋은 의사란 환자 치료라는 목적을 잘 수행하는 의사라는 데 누가 토를 달 수 있겠는가? 이처럼 어떤 목적을 위한 성격을 가진 대상과 관련하여 목적 실현 여부를 기준 삼음으로써 '좋음'의 의미를 규정하는 것은 큰 문제가 없어 보인다. 문제는 도구적 성격을 전혀 가지지 않은 대상과 관련해서도 '좋음'의 의미를 이런 식으로 규정할 수 있겠는가 하는 것이다. 예컨대 자연계에 존재하는 동물들과 관련하여 목적을 말할 수 있을까? 개미는 대체 무엇을 위해 존재하는가? 우리가 개미에게 기대하고 요구하는 것이 있는가? 목적과 관련하여 '좋음'을 이해하면, 개미에게 '좋다'라는 표현을 갖다 붙이는 것은 무의미하다. 좋은 개미, 나쁜 개미가 따로 있을 수 없기 때문이다.

이를 통해 분명해지는 것은, '좋다'라는 말을 의미 있게 쓰기 위해서는 인간의 욕구, 관심, 요구, 기대 등과 어떤 식으로든 관련을 맺어야 한다는 것이다. 다시 말해 우리가 그것에 대해 어떤 관심이나 기대, 요구도 하지 않는 대상은 '좋다'라는 표현과 의미 있게 연결될 수 없다. 그러므로 '좋은' 개미 혹은 '나쁜' 개미에 대해 말할 수 있으려면, 반드시 어떤 목적이 개입되어야 한다. 예컨대 누군가의 '의학적' 목적과 관련하여 '좋은' 개미 혹은 '나쁜' 개미에 대해 말할 수 있는 것이다. 어떤 것의 '좋음'에 대해 말하기 위해서는, 그것에 대한 인간의 '요구'가 무엇인지를 먼저 알아야 한다. 즉 그것에 대한 인간의 기대와 관심, 바람이 무엇인지 먼저 알지 않고서, 그것의 '좋음'에 대해 말할 수 없다.

이제 우리의 원래 물음인 '무엇이 좋은 삶인가?'라는 물음으로 돌아가 보자. 앞선 논의의 결과를 적용하면, 어떤 답변이 가능해질까? 한마디로 말해서, 좋은 삶이란 우리가 우리의 삶에 기대하고 원하는 것이 실현될 때 가능해진다. 좋은 삶이란 우리가 우리 자신의 삶에 걸었던 기대와 요구가 충족된 삶이다. 물론 우리가 소망하는 것을 이룬다고 해서 반드시 '좋은' 삶은 아니다. 살면서 우리가 원하는 많은 것들은 얻을 수도 있고, 얻지 못할 수도 있다. 그러므로 어떤 것을 얻으면 행복하고, 얻지 못하면 불행하다는 식으로 말할 수 없다. 살면서 원하는 것은 얻지 못했지만 행복할 수 있고, 얻었지만 불행할 수 있다. 즉 내가 원하는 것을 얻었느냐 여부와 나의 삶 전체의 행복과 불행이 반드시 일치하는 것은 아니다. 예컨대 나는 바둑을 두면서 이기기를 원하지만, 이러한 바람과 달리 질 수도 있다. 그렇다고 해서 내가 둔 바둑 자체가 반드시 '나쁜' 것은 아니다. 좋은 바둑을 두고도 승부에서는 얼마든지 질 수 있기 때문이다.

그렇다면 나는 나의 삶에 대해 어떤 요구를 해도 상관없는 것인가, 아니면 마땅히 해야 하는 요구가 있는 것인가? 물론 이 물음에 대한 대답이 쉽지는 않다. 왜냐하면 인간의 삶은 어떤 하나의 특정 요구를 충족하기만 하면 되는 그런 '도구'가 아니기 때문이다. 아리스토텔레스처럼 인간적 삶의 특성을 '생각할 수 있음', 즉 이성적 능력에서 찾는다면, 이것은 우리가 삶에게 무엇을 원해야 하는지에 대해 아무것도 말해주지 않는다. 인간이 숙고의 능력이라는 종적 특성을 가지고 있다는 사실로부터, 이 능력이 가능한 한 잘 실현되도록 하라는 어떤 요구도 나오지 않는다. 존재로부터 당위로의 이행은 결코 저절로 이루어지지 않는다.

결국 가장 중요한 물음은 삶에 대한 어떤 요구를 우리는 비판할 수 있는가, 혹은 삶에 대한 다양한 요구 사이에 아무런 차이도 존재하지 않는가 하는 것이다. 삶에 대한 요구 혹은 욕구 사이에 옳고 그름을 결정하는 어떤 객관적 기준이라도 존재하는가? 우리는 어떤 기준에 따라, 어떤 욕구를 가져야 하는가? 우리는 우리의 삶을 영위하면서 이런 물음을 던지고, 깊이 생각하지 않을 수 없다. 여기에 인간적 삶의 근원적 윤리성이 존립한다.

02

물음의 귀환

칸트Immanuel Kant는 인간적 삶의 이러한 '윤리적' 성격에 주목하고 그것의 토대를 정립하고자 한다. 칸트는 인간적 삶의 윤리적 성격을 '행복'과 관련지어 논의하는 것을 매우 부정적으로 바라본다. 인간적 삶의 윤리성을 행복과 관련지어 이해하는 전통 윤리학의 태도를 칸트는 '행복주의'라 규정하고 비판한다. '행복주의'에 대한 칸트의 비판은 그 이후의 철학에서 행복에 대한 논의가 더 이상 지속될 수 없을 정도로 강력한 것이었다. 전통 윤리학에 대한 비판의 핵심은 – 적어도 칸트가 보기에 – '행복'은 윤리학의 토대로 기능할 수 있을 만큼 보편타당하지 않다는 것이다. 인간이 도덕적으로 살아야 하는 이유가 – 고대 윤리학자들의 주장대로 – 행복하기 위해서라고 한다면, 도덕이 행복의 실현을 위한 수단으로 전락하게 된다는 점에서도 문제지만, 그들이 도덕의 근거로서 제시한 행복이 사람마다 다 다르게, 즉 '주관적으로' 이해된다는 것도 큰 문제이다. 이처럼 사람마다 다 다르게 이해되는 행복이 어떻게 도덕의 '객관적' 기초일 수 있겠는가?

그러므로 칸트는 도덕적 행위의 근거를 행복과 관련지어서는 안 된다고 강조한다. 칸트의 이러한 입장을 지지하는 사람들은 그 이후 행복을 한 인간의 주관적 소망의 충족으로 이해하면서, 행복이 철학의 탐구 대상으로 적절하지 못하다는 결론에 도달하게 되었다. 행복이라는 주제가 철학의 영역에서 추방당하기에 이른 것이다. 이제 행복은 한 개인의 단순한 소망의 충족 정도로 치부되었고, 철학 아닌 다른 경험과학의 – 예컨대 심리학의 – 탐구 대상으로 간주되었다.[09]

행복의 문제에 대한 철학적 관심과 탐구가 칸트의 비판 이후 크게 위축된 것은 부인할 수 없는 사실이다. 그러나 20세기 후반, 특히 21세기에 들어서면서부터 행복에 대한 물음은 – 칸트 윤리학에 대한 비판과 함께[10] – 다시 철학적 논의의 장 안으로 들어오게 되었다. 행복에 대한 자신의 독자적인 의견을 개진하는 철학자들이 등장하는가 하면, 기존의 전통적인 행복론을 새롭게 해석하려는 시도가 활발하게 이루어지게 되었다.[11]

'어떻게 살아야 하는가?'라는 물음은 일상적으로 제기되는 물음들과 달리 우리의 삶 전체와 관계한다. '어떻게 살아야 하는가?'라는 물음은 우리의 삶 전체를 어떻게 영위해 나갈 것인지에 대한 결단을 요구한다. 구체적이고 개별적인 행위가 아니라, 삶의 의미와 방식 전체가 문제 된다. 이처럼 '어떻게 살아야 하는가?'라는 물음은 인간이 인간으로서 살아가는 한 묻지 않을 수 없는 실천적 근본 물음, 즉 인간의 실존구조 자체 안에 뿌리내리고 있는 물음이다.

'어떻게 살아야 하는가?'라는 물음은 자기의 삶에 대해 관심을 가지고 있는 사람이라면 누구나 던지는 물음이다. 물론 사람들은 대부분 이 물음에 대한 대답을 이미 나름대로 가지고 살아간다. 그가 몸담고 살아가는 공동체로부터 대답이 미리 주어지기 때문에 스스로 찾아 나설 필요가 없다. 그러나 소크라테스는 '어떻게 살아야 하는가?'라는 물음을 스스로 던지지 않고 일방적으로 주어진 대답에 자기를 맞추면서 살아가는 것은 인간으로서 부끄러운 삶이라고 일갈한 바 있다. 소크라테스의 이러한 요구 이래 철학자들은 끊임없이 '어떻게 살아야 하는가?'를 묻고 그 대답을 찾기 위해 노력했다.

물론 어떤 삶의 방식이 '좋은'지에 대해서는 철학자마다 의견이 분분했다. 어떤 삶의 방식이 '가장' 좋은지를 물었던 고대철학자들과 달리 근대철학자들은 누구나 동의할 수 있는 그런 보편적 삶의 방식의 가능성에 대한 회의적 시각을 가지기 시작했다. 그렇다면 현대인은 어떤가?

'어떻게 살아야 하는가?'라는 물음에 대해서 가지고 있는 현대인의 대답은 아마도 '각자 알아서 원하는 대로'일 것이다. 이러한 대답의 근저에는 '어떻게 살아야 하는가?'라는 물음과 관련하여 누구나 동의할 수 있는 하나의 공통된 대답은 있을 수 없다는 체념, 즉 '어떻게 살아야 하는가?'라는 근본 물음은 삶을 영위하는 각자의 것이므로 그 대답 역시 각자 알아서 찾아내라는 암묵적 요구가 깔려있다. 그러나 이처럼 '어떻게 살아야 하는가?'라는 근본 물음을 개인의 자의적 결정에 맡겨도 되는 것일까? 이러한 상황을 철학은 팔짱만 끼고 지켜볼 것인가? 그래도 되는 것일까?

사실 현대인도 어느 시대 못잖게 절박한 심정으로 '어떻게 살아야 하는가?'를 두고 고민하며 살아가고 있다. 이 질문을 던진 사람들은 누구나 행복한 삶의 방식을 찾아내고 싶어 한다. 나에게 행복한 삶의 방식이 다른 사람에게도 반드시 좋을 필요는 없다. 누구에게나 행복한 삶의 방식이 반드시 나에게 좋으리라는 보장도 없다. 이런 점에서 '어떻게 살아야 하는가?'라는 물음에 대한 대답은 '주관적'일 수밖에 없다. 그러나 이 '주관적'이 '자의적'을 의미해서는 안 된다.

사실 '어떻게 살아야 하는가?'라는 물음은 철학의 탄생 이래 언제나 제기되어 왔다. '어떻게 살아야 하는가?'는 철학의 가장 근본적인 물음 가운데 하나라고 말할 수 있다. 그러나 요즘 서점에 가면 행복한 삶의 방식에 대한 가르침, 분노와 짜증 없이 행복한 삶을 사는 방법에 대한 심리학자들과 인생 상담가들의 조언은 넘쳐나지만, 이 물음을 다루는 철학서는 의외로 눈에 띄지 않는다. '어떻게 살아야 하는가?'라는 물음은 더 이상 철학과 상관없는 것처럼 보일 지경이다. 하지만 이것은 착시 현상에 불과하다. 이 물음은 과거에도 철학의 근본 물음이었고, 지금도 그렇다. 아마 앞으로도 그럴 것이다.

물론 고대에 비해 이 물음'어떻게 살아야 하는가?'이 막다른 골목으로 접어든 게 아닌가 하는 의구심이 들었던 적도 있었지만, 최근 들어 "좋은 삶의 유리학의 귀환"[12]이라는 말이 있을 정도로 '어떻게 살아야 하는가?'라는 물음에 대한 관심은 철학 안에서 뜨겁다. 철학의 안과 밖에서 두 가지 요인을 지적할 수 있다. 하나는 우리 사회에 삶의 방식에 대한 다양한 조언은 많지만, 보다 '근본적인' 성찰은 결여되어 있기 때문이다. 풍요 속의 빈곤이라고나 할까? 이렇게 사는 게 좋다, 저렇게 사는 게 좋다 식의 조언은 많지만 '왜' 그런 방식이 좋은 것인지, 삶에 '좋다'는 게 무엇을 의미하는지, 도대체 무엇이 '행복'인지에 대한 심각한 물음은 생략된 경우가 많다. 그래서 이른바 전문가들의 조언들 가운데 어떤 것을 선택해야 할지 혼란스럽기만 하고, 오히려 삶에 대한 불안과 걱정이 늘어나고 있다.

'어떻게 살아야 하는가?'라는 물음에 대한 관심의 증가와 관련된 첫 번째 요인이 철학 외적인 성격을 가진다면, 두 번째 요인은 철학 내적이다. 혼란과 불안을 느끼면서 살아가는 사람들에게 철학이 어떤 식으로든 도움을 주어야 한다는 요구가 철학 안에서 제기되기 시작한 것이다. 최근 들어 철학자들이 '어떻게 살아야 하는가?'라는 물음에 주목하기 시작한 것은 결코 우연이 아니다. 철학자들은 이제 이 물음이 가지는 철학적 성격 자체를 탐구하고, 이 물음이 왜 고대철학 이후 철학 안에서 위축되고 약화될 수밖에 없었는지를 묻고, 어떻게 하면 이 물음을 다시 활성화할 수 있는지 묻기 시작했다. 이른바 '어떻게 살아야 하는가?'라는 물음의 르네상스가 도래한 것이다.

03

물음의 도덕성

윤리학 혹은 도덕철학은 어떤 행위의 정당성과 당위성을 묻는다. 정당성과 당위성은 크게 두 가지 방식으로 확보될 수 있다. 하나는 나의 이익과 관련된 것이고, 다른 하나는 타인 혹은 공동체의 이익과 관련된 것이다. 하버마스Jürgen Habermas는 이를 설명하기 위해 수직적 관점과 수평적 관점이라는 표현을 쓴다.[13] 나에게 좋은 행위가 '수직적'인 것은 여기서 문제되는 것이 나와 나의 관계, 즉 '자기 관계'이기 때문이다. 물론 어떤 행위의 윤리적 정당성이 이러한 수직적 자기 관계를 통해서만 확보될 수는 없다. 어떤 행위가 윤리적으로 정당할 수 있으려면 타인과의 관계에서, 즉 수평적 관점에서 '좋은' 것이라야 한다. 나와 관계하는 '사적' 이익을 넘어서서 '공적' 이익에 기여할 수 있어야 한다. 자신의 사적 이익과 관련된 것이 좁은 의미의 '행복'이라면, 윤리적 행위는 이러한 나의 행복을 기꺼이 포기할 수 있을 때 비로소 가능해진다.

수평적 관점에서 중요한 것은 자기와의 관계가 아니라, 타인과의 관계이다. 어떤 행위가 '옳은' 것이기 위해서는 나에게 '좋은' 것만으로는 부족하다. 어떤 행위가 정당하고 정의로운 것은 그 행위가 행위자의 사적인 이익을 넘어서서, 공동체 전체의 이익을 지향하고, 타인의 이익에 보탬이 되기 때문이다. 정의는 나의 개인적 이익이나 소망보다 도덕적 당위가 우선시될 때 비로소 가능해진다.

'어떻게 살아야 하는가?'라는 물음은 분명히 나 자신과의 수직적 관계에서 제기되는 물음이다. 내 앞에 주어져 있는 다양한 가능성 중에서 어떤 가능성이 '나에게' 좋은지를 묻기 때문이다. 어떤 가능성을 선택할 때 내가 가장 먼저 고려하는 것은 내가 무엇을 원하느냐 하는 것이다. 내가 원하는 것, 즉 소망을 성취하는 것이 '행복'이라면, '어떻게 살아야 하는가?'라는 물음에서 내가 가장 중시하는 것은 바로 나 자신의 행복이다. 내가 행복하기 위해서 나는 어떤 선택을 하고, 어떤 행위를 해야 하는가?

고대 철학자들은 나의 선택과 행위를 가능하게 해주는 바 목표 혹은 기준, 즉 나의 '행복'이 순전히 이기적이거나 주관적이기만 해서는 안 된다고 보았다. 나의 주관적 행복과 객관적 도덕은 둘이 아니라 하나이며, 양자의 조화가 가능하다고 믿었기 때문이다. 그러나 근대철학자들은 고대철학자들의 이러한 믿음을 – 행복과 도덕 사이의 조화에 대한 믿음 – 더 이상 받아들이지 않았다. 자기 관계의 좋음이라는 개인윤리적 관점과 공동체를 위한 좋음이라는 사회윤리적 관점 사이에 균열이 발생한 것이다.[14] 근대철학자들은 '어떻게 살아야 하는가?'라는 물음을 철저하게 도덕적 관점에서 이해했고, 따라서 그 대답 역시 매우 엄격하게 '도덕적'일 수밖에 없었다. 어떤 선택과 행위가 도덕적일 수 있으려면 반드시 나 자신의 사적 이익행복이 아니라 타인의 이익을 고려해야 한다는 주장이 지배하기 시작했다.

개인의 이익과 공동체의 이익, 개인윤리와 사회윤리, 행복과 도덕의 갈등과 충돌은 오늘날 철학 안에서도 계속되고 있고, 우리의 일상적 삶에서도 늘 일어난다. 행복과 도덕 간의 이러한 갈등이 불가피한 측면을 가지는 것은 부인할 수 없는 사실이다. 그러나 이 사실로부터 행복과 도덕 간의 갈등이 반드시 일어날 수밖에 없다는 결론이 도출되어 나오지는 않는다. 양자 간의 갈등은 개념상의 본질적 대립에서 비롯되는 것이 아니기 때문이다. 말하자면 나의 개인적 이익을 추구하는 삶이 반드시 공동선의 실현과 충돌하는 것은 아니다. 살아가면서 우리가 하는 많은 선택은 나의 개인적 목표 실현을 위한 것인 동시에 얼마든지 공동체의 이익을 위하거나 도덕적 선을 지향할 수 있다. 예컨대 내가 지금 하는 '저술' 행위는 일차적으로 내가 설정한 목표를 위한 것이라는 점에서 극히 개인적인 성격을 가지지만, 공동체의 이익과 무관한 것일 수 없다. 왜냐하면 나는 이 책이 강의 교재로 사용될 수 있기를 희망하고 있으며, 그런 식으로 나의 '저술' 행위가 공익 증진에 조금이나마 기여할 수 있게 되기를 바라기 때문이다.

사람들 대부분은 자신의 개인적 목표 실현을 위해서 '자기중심적' 선택과 행위를 하면서 살아간다. 하지만 이러한 삶이 반드시 이기적이거나 비도덕적인 것은 아니다. 거꾸로 공익을 추구하는 삶이 반드시 개인의 이익에 손해를 끼치는 것도 아니다. 타인에게 유익한 삶이 당사자의 개인적 행복 증진에도 도움이 되는 일은 흔하다. 우리 사회의 곳곳에서 이루어지고 있는 다양한 형태의 봉사 활동은 그 좋은 예라 하겠다. 요컨대 수직적 관계에서 이루어지는 모든 개인 행위가 언제나 반사회적이고 비도덕적 행위일 수는 없다. 그러므로 무엇보다 중요한 것은 어떻게 하면 개인의 이익과 행복을 추구하는 삶과 타인과 공동체의 이익을 추구하는 삶의 괴리가 크지 않게 살아갈 수 있을까 하는 것이다.

04

물음의 사회성

잘 알려져 있다시피 '어떻게 살아야 하는가?'라는 물음은 고대 윤리학의 핵심 주제이며, 고대 윤리학자들은 이 물음에 대한 대답을 '행복'이라는 말로 표현했다. 크래머Hans Krämer에 의하면 고대 윤리학은 아직 도덕적 당위에 대해서 알지 못했고, 따라서 근대적 의미의 '도덕철학'과 무관하다. 말하자면 고대 윤리학은 사회윤리적 성격을 결여하고 있으며, 소피스트가 출현한 이래 오직 한 개인의 행복의 가능성만을 탐구했을 뿐이라는 것이다.[15] 크래머의 이 주장은 타당한가?

호른Christoph Horn은 약간 다른 시각에서 이렇게 설명한다. 그는 근대 윤리학이 "행위 중심적"인데 반해, 고대 윤리학은 "행위자 중심적"이라고 본다.[16] 근대 윤리학이 추상적 개념에 대한 이론적 평가와 보편적 타당성에 대한 엄격한 요구, 인간의 구체적인 행위로부터의 거리두기 등을 특징으로 한다면, 고대 윤리학은 한 개인의 구체적인 삶에 변화를 주고자 하는 실천적 의도를 가진다. 말하자면 고대 윤리학에서 중요한 것은 어떤 도덕적 행위 규범의 정립이 아니라, 이상적인 삶의 목표에 도달하기 위한 실천적 지혜였다. 어떻게 하면 인간이 좀 더 가치 있고 좀 더 나은 삶을 살 수 있을까? 어떻게 하면 좀 더 훌륭한 사람이 될 수 있을까? 이런 물음들에 대한 대답을 진지하게 모색했던 게 고대 윤리학이다.

'어떻게 살아야 하는가?'라는 물음을 철학의 한가운데로 가져오는 데 크게 기여를 한 것은 기원전 5세기 무렵 등장한 소피스트이다. 그들의 가르침 덕분에 일반 대중도 행복한 삶의 방식에 대해 큰 관심을 가지게 되었다. 헬레니즘 시대에 접어들면서 '어떻게 살아야 하는가?'라는 물음에 대한 대중의 관심은 더욱 커졌고, 철학은 이에 부응해야 할 책임을 스스로 떠맡게 되었다. 철학적 교양은 귀족이라면 마땅히 갖춰야 할 기본소양과 같은 것을 의미했고, 이러한 기본소양을 갖춘 존재로서 귀족은 철학적 조언자와 영혼의 안내자 역할을 수행하기 시작했다. 라보Paul Rabbow에서 아도Pierre Hadot를 거쳐 푸코Michel Foucault에 이르기까지 연구자들의 보고에 의하면 기원전 3세기에 이미 수직적 자기 관계의 강화 움직임이 감지된다. 오늘날 헬레니즘은 '방법적 영혼 안내의 시대', '삶의 기술techne tou biou'이라는 표현이 높은 인기를 구가하던 시대로 인정받고 있다. 이 시기에 철학은 자기관리 혹은 삶의 기술을 위한 전문 안내자 대접을 받았고, 때로는 철학적 성찰과 훈련에 기반한 삶의 방식 자체와 동일시되기도 했다. 아도Pierre Hadot의 표현을 빌리자면, 고대철학은 "우선 하나의 삶의 방식으로 나타나지만, 이것은 동시에 철학적 담론과 밀접하게 연결되어 있었다."[17] 실천적 삶의 행위 주도적, 행위자 중심적 철학은 개인의 행복을 추구하는 윤리학으로 분류된다는 크래머의 주장은 이런 의미에서 큰 설득력을 가진다. 그렇다면 개인윤리적 관점에서 볼 때 행복은 구체적으로 어떤 의미를 가지고 있을까?

그리스적 전통에서 철학적 교양과 훈육의 최고 목표의 기능을 수행했던 것은 '에우다이모니아'였다. 행복한 삶을 위한 성찰과 훈련 프로그램은 바로 이 에우다이모니아에 도달하기 위한 것이었다. '좋은'이라는 뜻을 가진 그리스어 '에우eu'와 정령을 뜻하는 '다이몬daimon'의 합성어인 에우다이모니아eudaimonia는 일차적으로 어떤 사람이 좋은 정령 혹은 '신적' 영혼을 가지고 있음을 의미한다. 그러므로 그리스어 에우다이모니아 안에는 언젠가 죽어야 할 존재인 인간의 성공적인 삶이 인간 자신의 뜻이 아니라, 신의 가호에 달려있다는 생각이 담겨있다. 그러나 인간의 운명이 전적으로 신의 뜻에 달려있다는 이러한 믿음은 기원전 6세기 '신화'의 시대가 지나가고 '이성'의 시대가 도래하면서 크게 약화 되었다. 종교의식과 결부된 신화적 사유로부터 독립적, 체계적, 논리적 사유로의 이행을 통해서 인간의 능력과 삶에 대한 자기 자신의 영향력을 믿기 시작했다. 어떤 사람이 에우다이모니아를 가진다는 것과 신의 은총을 입는다는 것이 같은 의미를 가지는 게 아님도 깨닫게 되었다.

에우다이모니아는 『니코마코스 윤리학』의 핵심 주제이기도 하다. 이 책에서 아리스토텔레스는 인간이 살아가면서 추구하는 모든 목표들을 포괄하고 그것들 사이에 의미를 부여하는 것, 즉 최고선이 존재하는지 묻는다. 이 물음에 대한 아리스토텔레스의 답변이 바로 에우다이모니아, 즉 행복이다. '어떻게 살아야 하는가?'라는 물음에 대한 이보다 더 분명한 대답은 찾아보기 힘들 것이다. "그것을 어떤 이름으로 부르는지에 관해서는 거의 대부분의 사람들이 동의하고 있다. 대중들과 교양있는 사람들 모두 그것을 행복이라고 말하고, '잘 사는 것eu zen'과 '잘 행위하는 것eu prattein'을 '행복하다는 것'과 같은 것으로 생각하고 있기 때문이다."[18]

인간은 누구나 행복을 꿈꾸면서 살아간다. 행복하게 잘

살고 싶은 마음을 가지고 있기 때문에 선택을 하면서 갈등하고 또 고민한다. 그러나 이러한 선택이 최종적으로 지향하는 목표로서 에우다이모니아, 즉 행복은 오늘날 우리가 가지고 있는 주관적 만족으로서의 행복과는 다르다는 사실에 유의해야 한다. 그리스인들에게 에우다이모니아행복는 단순한 자기만족이 아니라 어떤 '객관적' 상태를 의미했다. 포르쉬너Maximilian Forschner의 표현을 빌리자면 "인간의 삶을 성공적으로 혹은 훌륭하게 완성했다고 평가할 수 있게 해주는 다수의 필요 충분한 속성들"[19]을 갖춘 상태가 '에우다이모니아'였다. 물론 이 속성들이 무엇이냐에 대해서는 의견이 분분했다.

일반 대중은 명성, 권력, 재산, 자손의 번창, 건강과 같은 '외적'이고 '육체적인' 것들이 에우다이모니아의 중요한 구성요소라고 생각했다. 그러나 철학자들은 외적인 가치보다 내적인 가치를 우선시함으로써 대중의 행복 이해로부터 거리를 둔다. 그들이 보기에 '에우다이모니아'는 영혼의 조화와 균형에 도움을 주는 내면적 가치로 구성되어 있다. 에우다이모니아의 이러한 내면화와 함께 아레테arete의 개념이 중요한 의미를 획득하게 된다. 오늘날 고리타분하게 들리는 이 개념은 행위의 '탁월성' 혹은 '덕'과 밀접한 관계를 맺고 있다.

철학의 과제는 이제 에우다이모니아의 이런 구성요소를 획득하도록 도와주는 것, 혹은 행복과 아레테에 이르는 길을 안내해 주는 것으로 규정된다. 세네카는 철학과 이성의 도움을 빌리지 못하면 행복할 수 없다고 단언한다. "건강한 이성 없이는 누구도 행복할 수 없다. 선 대신 악을 추구하는 사람은 건강한 이성을 소유하지 못한다. 그러므로 올바르게 판단하는 사람만이 행복하다."[20] 아리스토텔레스가 보기에도 오직 철학만이 '에우다이모니아'로 인간을 안내해 준다. 왜냐하면 "철학만이 올바른 판단과 참되면서 행위 주도적인 통찰을 가능하게 하기 때문이다."[21] 세네카와 아리스토텔레스의 이러한 생각이 플라톤으로부터 비롯됐음은 분명하다. 플라톤은 행복한 삶과 올바른 삶이 서로 불가분의 관계를 맺고 있다고 봤다. "좋은 사람은 무엇을 하든지 훌륭하게 잘 행하며, 잘 행하는 사람은 복되고 행복한 자이지만, 나쁜 행위를 하는 몹쓸 사람은 비참한[불행한] 사람이다."[22]

크래머Hans Krämer의 주장대로 플라톤을 비롯하여 고대철학자들이 대부분 '어떻게 살아야 하는가?'라는 물음을 개인윤리적 차원에서 바라보고 있음은 부인할 수 없다. 즉 고대 윤리학은 "순수한 추구윤리학의 형태로 출발한다."[23] 그러나 이러한 사실로부터 고대 윤리학에 사회윤리적 관점이 전혀 들어 있지 않다고 말할 수 있을까? 크래머의 주장이 고대 윤리학을 지나치게 좁게 해석한 결과라는 사실은, 행복한 삶과 정의로운 삶의 불가분한 관계를 강조한 플라톤의 주장에서 이미 드러난다. 정의라는 개념 자체가 사회윤리적 함의를 가지고 있기 때문이다. 플라톤을 비롯한 고대 윤리학자들은, 크래머의 주장대로, '어떻게 살아야 하는가?'라는 개인윤리적 물음에서 출발하지만, 이 물음에 대한 그들의 대답은 매우 사회윤리적이다. '어떻게 살아야 하는가?'라는 극히 개인윤리적 물음에 대한 플라톤의 대답은 바로 '정의롭게 살아라!'인 것이다.

고대 윤리학의 사회윤리적 성격은 덕탁월성에서도 드러난다. 덕은 자기 자신과의 수직적 관계만이 아니라 타인과의 수평적 관계까지도 아우르는 개념이다. 고대철학자들이 강조하는 다른 개념들, 예컨대 용기, 관용, 우정 등도 모두 사회윤리적 성격이 강하다. 그러므로 고대 윤리학이 개인윤리적 혹은 추구윤리적 성격을 가진다는 크래머의 주장은 한편으로는 맞지만, 다른 한편으로는 맞지 않다. 고대 윤리학이 '어떻게 살아야 하는가?'라는 물음에서 출발하고 각자의 행복에 도달하기 위한 방법을 고민하고, 철학이 그러한 고민 해결에 도움을 줄 수 있다고 믿는다는 점에서 크래머의 주장은 분명히 설득력을 가진다. 하지만 이러한 주장이 '고대 윤리학은 사회윤리적 관심을 결여하고 있다'는 주장으로까지 확대될 경우, 선뜻 동의하기 힘들게 된다. 앞에서 언급한 대로 '어떻게 살아야 하는가?'라는 개인윤리적 물음에 대한 대답들은 한결같이 사회윤리적 성격을 가지고 있기 때문이다.

호른Christoph Horn은 개인윤리와 사회윤리가 이처럼 양립할 수 있는 이유를 이렇게 설명한다. 인간은 누구나 우선 자신과의 수직적 관계를 맺으면서, 즉 자신의 개인적인 행복을 무엇보다 중요시하면서 살아간다는 사실을 플라톤도 잘 알고 있었다. 그러나 플라톤은 인간의 이러한 자기 관계적, 수직적 행복 추구가 성공하려면 무엇이 '좋은' 것인지에 대한 통찰이 필요하다고 생각했다. 한 개인의 행복한 삶의 실현은 타인과의 관계 혹은 "자연과의 일치"[24]에서 무엇이 가장 바람직한지에 대한 통찰을 통해서만 비로소 가능하기 때문이다. 이처럼 플라톤의 관점에서 볼 때 개인윤리와 사회윤리는 결코 상호 대립적 관계가 아니다. 정의 혹은 유덕함은 '어떻게 살아야 하는가?'라는 물음에 대한 대답이라는 점에서 규범적, 합리적 우선권을 가진다. 정의와 유덕함으로부터 우리가 어떤 현실적 이득을 얻어내지 못함에도 불구하고 그것을 추구해야 할 까닭은 이미 정의와 덕 자체 안에 있고, 그에 대한 통찰만으로 충분하다.

그러나 개인윤리적 관점과 사회윤리적 관점의 이러한 양립, 개인적 차원의 행복한 삶과 공적인 차원의 정의롭고 유덕한 삶의 양립 가능성에 대한 고대철학자들의 이러한 낙관적 믿음은 근대로 접어들면서 더 이상 유지되지 못한다. 아니, 돌이킬 수 없을 만큼 파괴되고 만다.

05
물음의 근대성

"오늘날 우리가 알고 있는 의미의 도덕철학은 엄밀히 말해서 18세기에 들어와서야 비로소 등장했다."[25] 이렇게 등장한 도덕철학 혹은 근대 윤리학은 고대에 제기되었던 '어떻게 살아야 하는가?' 물음을 더 이상 심각하게 생각하지 않았다. '어떻게 살아야 하는가?' 물음은 철저하게 개인윤리적 물음으로 간주되고, 철학의 영역에서 거의 추방당하다시피 했다. 왜냐하면 근대 윤리학에서 중요한 것은 한 개인이 던지는 '어떻게 살아야 하는가?'라는 구체적이고 실천적인 물음에 대답하는 것이 아니라, 보편적이고 도덕철학적인 물음과의 이론적 대결이었기 때문이다.

크래머Hans Krämer는 근대철학에 들어와서 발생한 이러한 변화를 "추구윤리[개인윤리]의 시민권박탈" 혹은 "도덕철학의 독점화"[26]라고 부른다. '어떻게 살아야 하는가?'라는 개인윤리적이고 실천적인 물음의 철학적 '시민권'을 박탈하고, 도덕철학의 이론적 탐구만을 철학의 참된 문제로 인정하는 이러한 '도덕철학의 독점화' 현상은 고대로부터 내려오던 철학의 실천적 성격을 완전히 바꿔놓았다. '어떻게 살아야 하는가?'라는 물음을 중심으로 전개되던 삶의 방식에 대한 철학적 탐구는 더 이상 '참된' 철학으로 인정받지 못하고, 심리학을 비롯한 타 학문의 대상, 혹은 기껏해야 '대중을 위한' 사이비 철학 정도로 취급받기에 이른다. 이러한 변화에 결정적인 전환점을 마련한 철학자는 다름 아닌 칸트Immanuel Kant이다. 크래머의 표현을 빌리자면 칸트는 "추구윤리학의 방법론적 후진성을 비난했을 뿐만 아니라, 추구윤리학이 가지고 있던 실천철학과 윤리학의 위상을 완전히 무너뜨렸다."[27]

칸트는 고대철학 안에서 플라톤이 차지했던 위상과 같은 정도의 위상을 근대철학 안에서 차지하게 된다. 칸트는 그 이전의 철학과는 완전히 다른 새로운 철학적 패러다임을 만들어내고, 그렇게 만들어진 새로운 철학의 대변자로 나선다. 칸트에 의해 새롭게 다져진 도덕철학의 토대 위에서 '어떻게 살아야 하는가?'라는 물음은 '나'가 아닌 '우리', 즉 '공동체'와 관련하여 새롭게 조명된다. '어떻게 살아야 하는가?'라는 물음을 바라보는 사회윤리적 시각의 강화와 관련하여 주목해야 할 키워드는 크게 두 가지이다.[28]

첫 번째 키워드는 '주관화Subjektivierung'이다. 고대철학자들이 행복한 삶의 객관적 조건과 기준이 존재하고, 이러한 조건과 기준이 인간을 넘어서 있는 어떤 초월적 원리로부터 도출될 수 있다고 믿었다면, 칸트를 비롯한 근대철학자들은 더 이상 이러한 초월적 원리를 믿지 않았다. 그리스인들에게 삶의 궁극목적으로 받아들여졌던 에우다이모니아로서의 행복 - 객관적인 조건의 획득을 통해 비로소 가능했던 행복 - 은 근대에 들어오면서 온전히 '나만의' 주관적이고 사적인 행복으로 변형된다. 행복은 온전히 나만의 것이기에 나 이외의 어떤 다른 누구도 나의 행복에 대해 평가할 수 없다. 내가 행복한지 아닌지는 오직 나만이 판단할 수 있다. 나의 행복은 어떤 외적인 잣대를 가지고 평가할 수 없다. 행복은 전적으로 나의 것이다. 행복의 이러한 주관화를 칸트는 이렇게 설명한다. "행복은 세계 안의 이성적 존재자의 상태로, 이 존재자의 전체 실존에서 모든 것이 바라고 뜻하는 대로 이루어지는 상태다."[29] 칸트가 말하듯이 이제 행복은 내가 바라고 원하는 것을 가질 때 실현되는 상태를 의미한다. 나의 욕구가 충족되고, 나의 소망이 실현될 때 나는 행복을 느낀다. 그러나 행복이 이처럼 개인의 주관적인 욕구 혹은 소망의 충족으로 이해되자마자 큰 문제가 발생한다. 행복에 대한 정의가 불가능하게 되는 것이다. "그렇지만 불행하게도 행복이라는 개념은 너무나 불확정적이다. 그래서 사람들은 저마다 이런 행복에 이르기를 소망하지만, 자기가 참으로 무엇을 소망하고 바라는지를 확실하게 그리고 일관되게 주장할 수도 없다."[30]

'어떻게 살아야 하는가?'라는 물음의 근대적 이해와 관련하여 우리가 주목할 필요가 있는 두 번째 키워드는 '경험화 Empirisierung'이다. 행복이 철저하게 '주관화' 되는 것과 함께 - 위에서 말했듯이 - 행복은 이제 한 개인의 소망과 욕구의 충족에 달려 있는 것으로 이해된다. 칸트는 행복의 이러한 주관화를 이렇게 간단하게 설명한다. "행복은 우리의 모든 경향성들의 충족이다.(경향성들의 잡다함에서는 연장적 충족, 정도에 있어서는 밀도적 충족, 그리고 지속성에 있어서는 지구적 충족이다.)"[31] '나는 어떻게 살아야 하는가?'라는 물음에 대한 대답도 철저하게 경험적 차원에서 제시된다. 인간의 행복 추구는 불가피하다. 행복을 추구할지 말지를 인간은 스스로 결정할 수 없다. 왜냐하면 인간은 어떤 소망과 어떤 욕구를 충족할지를 선택할 수 있을 뿐, 소망과 욕구 자체를 버릴 수 없기 때문이다. 즉 행복은 인간이 스스로 자유의지에 따라 설정한 '자유의 목적'이 아니라 "자연목적"[32]이다. 칸트는 이처럼 행복의 원천을 인간의 자연발생적이고 경험적인 경향성과 연결함으로써, 인간의 행복이 쾌락주의적 관점에서 이해될 수 있는 물꼬를 텄고, 결국 '어떻게 살아야 하는가?'라는 물음이 철학의 영역에서 추방될 수밖에 없도록 만들었다.

칸트가 주장하듯이 인간은 본성적으로 자신의 경험적 욕구와 소망을 충족하고자 한다. 이러한 경향성은 선천적으로 타고난 것이며, 인간이 자연의 법칙에 따라 존재할 수밖에 없음은 부인할 수 없는 사실이다. 그러나 칸트는 자연의 법칙에 따라 사는 삶의 방식만이 인간에게 허용되어 있다고 보지 않았다. 칸트는 '자연의 목적'과 '자유의 목적'을 구별한다. 인간은 자연이 부과한 목적을 추구하면서도, 그것에 굴복하지 않을 수 있다. 즉 자신 안에 존재하는 자연적 욕구 혹은 충동에 맞서서, 이성의 힘을 빌려 스스로 설정한 '자유의 목적'을 추구할 수 있다. 칸트는 이렇게 인간이 가지고 있는 실천이성의 존재를 인정할 뿐만 아니라, 그 힘을 굳게 믿는다. 인간은 자연적 욕구를 가진 존재로서 경험적 감성계에 속해 있지만, 동시에 이성의 힘을 통해 자신이 속해 있는 감성계를 넘어설 수도 있다.

인간이 경험적 경향성의 지배하에서 자연의 목적을 추구하며 살아가는 한 그는 타율적heteronom이다. 반면에 그가 스스로 설정한 자유의 목적을 추구하는 한 그는 자율적autonom이다. 인간이 자연의 명령 대신 이성의 '정언적' 명령에 따라 살아갈 때, 그는 인간으로서 도덕적 책임과 의무를 이행하는 것이며, 이로써 그는 인간의 존엄을 지키게 된다. 인간의 존엄은 밖에서 누군가에 의해 주어지지 않는다. 스스로 수립한 법칙 이외에는 어떤 다른 법칙에도 따르지 않는 '자율적' 존재만이 자신의 존엄을 지킬 수 있다.

칸트의 관점에서 볼 때 인간에게 가장 중요한 행위의 원칙은 바로 이러한 인간의 자율과 존엄을 지키는 것이다. 즉 '어떻게 살아야 하는가?'에 대한 칸트의 대답은 바로 자신에게 주어져 있는 자연적본능적 경향성에 매몰되지 말고, 기존의 어떤 다른 권위에도 - 철학적, 종교적, 정치적 권위를 포함하여 - 타율적으로 의존하지 말고, 성숙한 자세로 용감하게 '인간의 자율과 존엄을 지키면서 살아라!'이다. 나 자신만의 욕구 혹은 소망을 충족시키지 않고, 우리 모두의 공동선을 추구하는 것이 중요하다. 자신의 개인적 욕구 충족과 공동선의 추구가 충돌할 때 서슴지 않고 전자를 포기할 수 있어야 한다. 전자가 좁은 의미의 행복을 의미한다면 이렇게 말할 수 있다. 공동선의 실현을 위해서라면 기꺼이 자신의 '행복'을 포기할 수 있어야 한다. 그러나 이러한 포기는 결코 강제가 아니다. 공동선의 실현이 개인적 행복의 포기를 반드시 요구하는 것도 아니다. 칸트에게 개인의 행복과 공동선은 하나를 위해서 다른 하나를 반드시 포기해야 하는 상호대립 관계가 아니라, 우선순위의 관계이다. 즉 어떤 선택을 할 때 자신의 사적 행복과 공동선이 충돌할 경우, 후자를 위해 전자를 포기하라고 권유할 뿐이다.

칸트의 이러한 입장은 행복에우다이모니아의 실현이 정의나 덕탁월성과 같은 일정한 조건을 충족할 때야 비로소 가능하며, 양자 사이에는 근원적 동일성이 존립한다고 봤던 고대철학자들의 입장과는 다르다. 개인의 행복과 공동선이 대립 관계는 아니지만, 같은 것도 아니다. 그렇기에 칸트는 다음과 같이 그 차이를 간과했던 고대철학을 비판한다. "유감스러울 수밖에 없는 것은 이들의 모든 총명함이 (...) 불행하게도 행복과 덕이라는 극단적으로 이종적인 개념들 사이에서 동일성을 찾아내는 데 적용되었다는 것이다."[33]

정의로운 사람은 그가 정의롭다는 이유만으로 이미 행복하다는 플라톤의 주장에 칸트는 동의하지 않는다. 그 대신 칸트는 정의를 실현하려다가 이 세상에서 당하는 고통과 불행에 대한 저세상의 보상에 대해서 말한다. 공동선의 실현을 위해서 이 세상에서의 행복을 포기한 사람은 '행복할 자격glückswürdig'을 가진다. 아니, 가져야 마땅하다. 물론 칸트가 요구하는 '사후死後의 행복'이 이 세상에서의 행복과 같을 수는 없다. 사후의 행복은 이 세상에서의 행복과 달리 더 이상 감성적이지도 육체적이지도 않을 것이기 때문이다.

이 세상에서의 행복을 포기하고 인간의 자율과 존엄을 지키고 공동선의 실현을 위해서 살아가는 사람이 느끼는 감정을 칸트는 자기만족Selbstzufriedenheit이라 부른다. 여기서 칸트가 말하는 자기만족의 감정은 자연의 목적을 충족함으로써 느껴지는 경험적-주관적 만족과는 전혀 다른 것이다. "그런데 우리는 행복이라는 말처럼 향유를 표시하는 말이 아니면서도 자기 실존에 대한 흡족을 지시하는 말, 덕 의식이 필연적으로 동반할 수밖에 없는 행복과 비슷한 것을 지시하는 말을 가지고 있지 않은가? 그렇다! 바로 자기만족이라는 말이다."[34]

자유의 목적을 추구하는 사람은 자연적, 본능적 욕구의 충족에서 오는 행복감을 느낄 수 없는 대신 그보다 한 단계 높은 '만족감'을 느끼게 된다. 이 만족감은 인간으로서 마땅히 해야 할 의무를 다했다는 사실에서 비롯된 것이다. 이 감정 안에서 개인적 행복의 추구와 공동선 실현을 위한 노력 간의 갈등은 사라지고, 고대철학자들이 에우다이모니아라는 말 아래에서 염두에 두었던 것과 크게 다르지 않은 '행복'이 출현한다. 어떤 물질적, 육체적 보상에 대한 기대 없이도, 사후의 행복에 대한 희망 없이도, 기꺼이 이 세상에서의 행복을 포기하고 정의와 공동선을 실현할 수 있도록 해주는 것은 바로 칸트가 '자기만족'이라고 불렀던 감정이다.

II

쾌락 추구의 행복

01 쾌락의 원칙

02 쾌락의 절제

03 쾌락의 경제

04 쾌락의 차이

05 쾌락의 역설

"그대는 기계에 연결되길 원하는가?

우리가 살아가면서 스스로의 내부에서

어떻게 느끼는가의 문제 이외에

무엇이 우리에게 중요한가?"[35]

II 쾌락 추구의 행복

01 쾌락의 원칙

쾌락주의는 그리스어 헤도네hedone에서 유래한다. 쾌락주의적 관점에서 '어떻게 살아야 하는가?'에 대한 대답은 간단명료하다. 대답을 우선 부정적-소극적으로 표현한다면 '가능한 한 불쾌를 멀리하면서 살아라!'일 것이다. 이를 다시 긍정적-적극적으로 표현한다면 '가능한 한 많은 쾌락을 추구하면서 살아라!'일 것이다. 물론 여기서 쾌락이 무엇을 의미하느냐에 대한 철학자들의 의견이 일치했던 적은 철학사상 단 한 번도 없었다.

철학 밖에서도 쾌락은 참으로 다양한 의미를 가진 말이다. 사전적 정의는 "감성의 만족, 욕망의 충족에서 오는 유쾌하고 즐거운 감정"[36]으로 나와 있다. 결핍된 욕망이 충족될 때 느껴지는 즐거움의 감정이 쾌락이다. 이러한 의미의 쾌락은 주로 우리 몸의 특정 감각기관의 자극에서 비롯되는 주관적 즐거움을 말한다. 예컨대 우리는 추운 겨울 따뜻한 물로 샤워할 때, 무더운 여름철 시원한 음료수를 마실 때, 혹은 결핍된 식욕이나 성욕을 충족할 때 이러한 즐거움을 느낀다. 자극은 달라도, 뇌의 신경조직을 통해 전달되는 좋은 느낌은 다르지 않다. 신경생리학의 연구에 따르면, 쾌락의 경험에서 중요한 역할을 하는 것으로 알려진 오피오이드 성분은 마약과 유사하다.[37] 이러한 의미의 감각적 쾌락의 반대편에 서 있는 것은 (주로 육체적) 고통이다. 통속적인 쾌락주의의 관점에서 볼 때 행복한 삶이란 이러한 의미의 감각적 쾌락으로 충만한 삶이다.

이와 달리 철학에서 말하는 쾌락주의는 크게 두 가지다. 하나는 심리적 쾌락주의고, 다른 하나는 윤리적 쾌락주의다. 심리적 쾌락주의의 기본 주장은 '모든 인간 행위는 궁극적으로 쾌락의 경험을 지향하며, 쾌락의 획득 이외의 다른 동기는 없다.'라는 것이다. 윤리적 쾌락주의의 주요 관심사는 '인간이 과연 쾌락을 추구해야 하는가?'라는 규범적 질문이지만, 그 근저에는 심리적 쾌락주의가 놓여 있다. 우리가 앞으로 살펴보게 될 고전적 공리주의도 – 적어도 내가 보기에는 – 심리적 쾌락주의에 속한다.

심리적 쾌락주의의 대표자는 무의식의 발견을 통해 정신분석학의 창시자가 된 심리학자, 바로 프로이트Sigmund Freud다. 프로이트의 정신분석학 이론의 핵심은 쾌락원칙이 현실에서 작동하는 실재성 원칙보다 더 근원적이고 일차적이라는 사실이다. 프로이트는 '어떻게 살아야 하는가?'라는 철학적 물음을 묻는 대신, '인간이 실제로 추구하는 것'이 무엇인지를 있는 그대로 서술할 뿐이다. 프로이트의 이러한 태도는 전적으로 심리적 쾌락주의에 부합한다. 인간이 살아가면서 실제로 추구하는 것은 쾌락, 혹은 적어도 '불쾌하지 않음'이다. 프로이트의 관점에서 볼 때 인간적 삶의 최종 목표로서의 행복은 이런 의미의 쾌락 이외의 어떤 다른 것도 아니다.

"이제 좀 덜 야심적인 문제로 관심을 돌려 보자. 인간이 자신의 행동을 통해 보여 주는 인생의 목적과 의도는 무엇인가? 인간은 인생에 무엇을 요구하고, 인생에서 무엇을 성취하기를 바라는가? 이 의문에 대한 답은 뻔하다. 인간은 행복을 얻으려고 애쓴다. 인간은 행복해지기를 원하고, 그 행복을 유지하고 싶어 한다. 이 노력은 적극적인 목표와 소극적인 목표라는 양면을 지닌다. 인간은 한편으로는 고통과 불쾌감이 없는 상태에 도달하려 하고, 다른 한편으로는 강력한 쾌감을 경험하려고 애쓴다. 좁은 의미의 '행복'은 두 번째 상태만을 가리킨다. (...) 인생의 목적을 결정하는 것은 쾌락원칙의 프로그램이다. 이 원칙은 처음부터 인간의 정신 작용을 지배한다."[38]

프로이트는 특히 성적 쾌락을 행복한 삶의 가장 중요한 척도로 이해한다. 왜냐하면 "사랑의 표현 방식 중 하나인 성애는 압도적인 쾌감을 가장 강렬하게 경험할 수 있게 해주고, 그리하여 행복 추구의 원형을 제공해 주기 때문이다."[39] 따라서 "처음으로 행복을 만난 길에서 또다시 행복을 찾으려고 고집하는 것보다 더 자연스러운 일은 없다."[40]

태어나면서부터 인간에게 프로그래밍 되어 있는 쾌락원칙에 따라서 인간은 자신의 생리적 욕구들을 끊임없이 충족시킨다. 성욕 외에도 허기, 갈증, 호흡, 수면에 대한 욕구가 끊임없이 충족되기를 바란다. 욕구 충족의 목표는 생리적 요인에 의해 발생한 심리적 긴장의 해소이며, 이 해소는 언제나 강력한 감각적 경험과 함께 이루어진다. 긴장 상태가 고통스러울수록 그것의 해소는 더욱 강력한 쾌감을 유발한다. 인간은 욕구의 결핍에서 비롯된 긴장과 불쾌한 자극의 해소를 통해서 내면의 심리적 균형을 유지하고자 애쓴다. 인간은 태어나면서부터 주입된 욕구 충족의 자연법칙에 예속되어 있다.[41]

심리적 쾌락주의는 두 가지 전제에서 출발한다. 하나는 쾌락이 언제나 생리적 결핍 상태의 결과라는 것이고, 다른 하나는 쾌락에 대한 인과론적 이해가 가능하다는 것이다. 감각적 쾌락은 항상 어떤 원인에서 비롯된 결과이며, 이러한 쾌락을 유발한 원인은 다시 어떤 특정 자극으로 환원될 수 있다.

인간의 쾌락은 오로지 충족되지 못한 욕구에서, 즉 결핍 상태에서 비롯된다는 프로이트의 주장에 대한 반론은, 인과론적 모델의 타당성에 대한 의구심과 밀접한 관계를 맺고 있다. 인간의 모든 활동과 심리작용이 긴장 완화와 충동 자극의 감소를 위한 것이라고 보는 생리학적 항상성Homöostasie 모델은 많은 비판을 받았다. 예컨대 프롬Erich Fromm은 프로이트가 인간의 성욕을 식욕처럼 반드시 충족되어야 할 육체적 결핍 현상으로 이해한 것은 부당하다고 비판한다. 인간의 문화적 성취를 성욕의 결핍과 충족으로 설명하는 대신, 프롬은 '풍요'

현상에 주목한다. 프롬에 따르면 인간의 문화를 이해하고 설명하기 위한 키워드로서 중요한 것은 육체적 결핍과 그 해소가 아니라, 오히려 '풍요'이다. 문화적 성취를 포함하여 인간의 모든 탁월한 성취는 결핍이 아니라, 오히려 풍요의 산물이다.[42] 예컨대 미식 문화는 훌륭한 요리법과 섬세한 미각, 특히 생계에 대한 걱정이 사라진 풍요사회를 전제한다. 풍요사회에서만 미식 문화는 가능할 수 있다.

심리학적 관점에서 보면 모든 욕구는 일종의 결핍이다. 모든 결핍은 인간에게 그것의 충족을 명령한다. 생리적 욕구 혹은 충동 욕구라고 불리는 일차적 욕구에서만 생물학적 결핍 상태가 선행한다. 반면에 이차적 욕구는 일차적 욕구만큼 생존에 필수적이거나 절박하지 않다. 일차적 욕구는 특정 신체 부위의 적시가 가능하고, 상호 독립적이다. 일차적 욕구는 생명체와 환경의 균형 유지라는 분명한 목표를 가진다. 반면에 이차적 욕구는 언어와 인지의 발달 과정이 필요하고, 사회화 과정을 거친 다음이라야 비로소 발생한다. 이차적 욕구는 정신적 가치와 이상을 전제한다. 이차적 욕구는 일차적 욕구처럼 강요와 강박이 아닌, 학습과 습득의 결과이다. 이차적 욕구의 전형적 예로는 성취욕이 있다. 올포트Gordon W. Allport는 인간적 행위의 근저에 자리 잡은 다양한 형태의 욕구와 동기들에 주목한다. 일차적 욕구의 충족에서 가장 중요한 것은 '안전'이다. 즉 사람들은 일차적으로 생존을 최우선 과제로 삼는다. 이와 달리 이차적 욕구의 충족에서 중요한 것은 '성장'이다. 즉 이차적 욕구의 가장 중요한 목표는 인격의 성숙과 발전이다.[43]

일찍이 플라톤과 아리스토텔레스는 배고픔과 같은 고통스러운 육체적 결핍 상태에서 발생하는 쾌락을 인식의 쾌락으로부터 구분했다. '저급한' 일차적 욕구와 달리 이차적 욕구는 정신적-윤리적 이상을 향한 '고급의' 욕구이다. 물론 일차적 욕구든 이차적 욕구든 그것이 충족될 때 모종의 주관적 쾌락을 수반한다는 점에서는 근본적으로 같다. 그러나 플라톤과 아리스토텔레스는 절박하고 열등한 욕구의 충족에서 비롯되는 쾌락을 '저급한' 쾌락 혹은 '가짜' 쾌락으로 규정하고, 정신적 목표를 추구하는 이차적 욕구에서 비롯된 쾌락은 '고급' 혹은 '참된' 쾌락으로 규정했다.

프로이트도 정신적-지적 노동에서 비롯되는 쾌락의 가치를 부정하지 않았고, 그것이 보다 섬세하고, 고차원적임을 인정한다. 그러나 프로이트는 조야하고 일차적인 충동의 충족으로부터 나오는 쾌락과 비교할 때 이차적 욕구의 충족에서 비롯된 쾌락의 강도는 약할 뿐만 아니라, 학문적-예술적 노동은 그러한 일차적 충동의 승화를 통해서만 가능하다고 보았다. "그러나 이 [고차원적] 만족감은 조잡하고 일차적인 본능적 충동을 충족시켰을 때 얻는 만족감에 비하면 강도가 약해서, 온몸을 진동시킬 정도는 아니다. (...) 게다가 그런 소질과 재능을 지닌 소수조차도 이 방법을 통해 고통에서 완전히 벗어날 수는 없다. 이 방법은 운명의 화살을 완벽하게 막아 내는 갑옷이 아니며, 고통의 원천이 그 사람 자신의 몸인 경우에는 전혀 고통을 막아 주지 못한다."[44]

인간의 모든 정신적-사회적 가치 지향이 일차적 욕구의 승화 덕분이라는 프로이트의 주장은 당연히 거센 비판을 불러일으켰다. 내가 보기에 프로이트에 대한 이러한 비판은 타당하다. 왜냐하면 플라톤과 아리스토텔레스 이래 이차적 욕구의 충족에서 비롯된 쾌락, 즉 인식과 학습의 쾌락이야말로 참된 것이라는 주장은 오늘날에도 여전히, 아니 어떤 다른 시대보다 더, 그 타당성을 인정받을 필요가 있어 보이기 때문이다.

02

쾌락의 절제

아리스토텔레스는 모든 쾌락이 – 프로이트의 생각과 달리 – 결핍의 충족에서 나오는 게 아니라는 사실을 분명하게 인지하고 있었다. "그런데 그들은 고통이 본성적인 것의 결핍이며, 즐거움은 그 충족이라고 주장한다. 그러나 이러한 [결핍과 충족의] 경험은 육체적인 것이다. 그래서 즐거움이 정녕 본성적인 것의 충족이라면 그 안에 충족이 있게 되는 것, 바로 이것이 즐거워할 것이다. 그러니까 육체가 즐거워한다는 말이다. 그러나 사실은 그렇지 않은 것 같다. 따라서 충족이 즐거움은 아니다."[45]

아리스토텔레스가 쾌락의 문제에 특별한 관심을 가졌던 것은, 쾌락을 빼놓고 행복한 삶에 대해 말할 수 없다고 생각했기 때문이다. 행복한 삶에 대해 말하는 사람들 대부분이 자연스럽게 쾌락을 떠올린다는 사실 자체가 쾌락과 행복의 밀접한 관계를 보여준다.[46] 아리스토텔레스에 의하면 가장 좋고 가장 아름다운 것으로서 행복은 동시에 가장 큰 즐거움, 즉 쾌락이어야 한다. 행복은 쾌락과 무관하며, 오직 도덕적으로 옳은 태도 안에 존립할 뿐이라고 주장하는 사람은 – 적어도 아리스토텔레스가 보기에 – 잘못된 윤리적 순수주의에 빠져 있다. "그런데 형틀에 매달려 죽어 가는 사람, 큰 불행에 빠진 사람일지라도, 그가 좋은 사람이기만 하면 행복하다고 말하는 사람들이 있다. 자발적으로 그런 말을 한 것이든 어쩌다가 그렇게 말을 했을 뿐이든 그들은 무의미한 것을 이야기하는 것이다."[47] 더구나 쾌락이 – 부나 명예와 달리 – 어떤 다른 상위 목적을 위한 수단이 아니라 그 자체 때문에 욕구되는 최종 목적인 것처럼 보이는 한, 행복의 의미에 대한 물음을 제기하면서 쾌락의 문제와 연결시키는 것은 필요할 뿐만 아니라 당연하기까지 하다.

행복과 쾌락이 맺고 있는 관계의 불가분성을 증명하기 위한 대표적인 근거는 이성적인 존재자를 포함한 모든 존재자가 나름의 방식으로 쾌락을 추구한다는 사실이다. 이런 점에서 아리스토텔레스도 쾌락과 좋음이 서로 밀접한 관계를 맺고 있음을 분명하게 인정한다. 그러나 아리스토텔레스는 쾌락이 좋음과 관계를 맺고 있다는 사실로부터 쾌락이 가장 좋은 것(최고선)이라는 결론이 저절로 도출되어 나올 수는 없다고 본다.

왜냐하면 쾌락은 자신의 고유한 의미와 가치를 가진 '자체 목적'이 아니라, 어떤 다른 것에 수반되어 나타나는 부수적인 목적에 불과하기 때문이다.

쾌락이 '자체 목적'이 아니라 '부수적인 목적'에 불과하다는 사실은 어떤 사람도 부끄러운 행동을 하면서까지 쾌락을 느끼고 싶어 하지는 않는다는 사실에서, 특히 어떤 쾌락도 제공되지 않지만 우리가 무엇인가를 기꺼이 보고, 듣고, 기억하고, 알려고 애쓰고, 덕을 소유하기 위해 노력한다는 사실에서 잘 드러난다. "또 비록 아이들이 즐거워하는 것에서 가장 큰 즐거움을 얻는다고 하더라도 그 누구도 평생 어린아이의 사유를 가지고 살겠다고 선택하지는 않을 것이며, 나중에 그것 때문에 고통을 당할 가능성이 전혀 없다고 하더라도 아주 부끄러운 일을 해서 얻는 기쁨을 선택하지는 않을 것이다. 뿐만 아니라 그 어떤 즐거움을 덧붙여 주는 일이 없다고 하더라도 우리는 많은 일들과 관련해서 열정을 쏟을 수 있다. 예를 들어, 보는 일, 기억하는 일, 아는 일, 탁월성을 가지는 일 등이 그것이다."[48]

이처럼 쾌락이 그 자체로 좋은 것이 아니라 어떤 좋음에 덧붙여진 것이라면, 즉 쾌락이 다른 좋음善과의 결합을 통해서만 추구할만한 가치, 일종의 종속적 가치를 가지고 있는 것이라면, 그것은 결코 최고선행복일 수 없다. 왜냐하면 최고선은 글자 그대로 더 이상 좋아질 수 없는 최상의 좋음을 의미하기 때문이다. 즉 최고선으로서의 행복은 어떤 다른 좋음에 의해서 비로소 그 자격을 얻는 것이 아니라, 오히려 모든 다른 '좋음'에게 그 가치를 부여해주는 것, 즉 모든 가능한 좋음의 원천이기 때문이다. 그러므로 다른 좋음의 부가물일 때 비로소 가치를 가지게 되는 쾌락은 결코 최고선행복의 본질적인 의미로서 규정될 수 없다.

이 세상에 쾌락을 싫어하는 사람은 없지만, 쾌락을 제공해주는 모든 것이 좋은 것, 욕구할만한 가치를 가진 것, 바람직한 것은 아니다. 쾌락이 일종의 목적인 것은 맞지만, 그 목적은 단지 부수적일 뿐 그 자체로 추구될 만한 가치를 가지고 있는 것도 아니다. 이런 이유로 아리스토텔레스는 쾌락이 행복한 삶의 본질일 수 없다고 생각한다. 그러나 아리스토텔레스가 도덕적 엄숙주의를 표방했던 것도 아니다. 아리스토텔레스는 어디에서도 행복을 위해서는 쾌락을 단념하고 도덕을 추구해야 한다고 말하지 않는다. 아리스토텔레스에게 쾌락은 절대선도 아니고 절대악도 아니다.

아리스토텔레스의 이러한 이중적 태도는 쾌락에 대한 그의 독특한 이해 방식에서 기인한다. 아리스토텔레스는 쾌락을 언제나 어떤 행위와 관련지어서 이해한다. 그에게 쾌락은 단순한 욕구 충족과는 다른 것을 의미한다. 즉 아리스토텔레스는 어떤 욕구가 충족될 때 느껴지는 만족감과 쾌락은 다르다고 본다.

쾌락은 분명히 어떤 행위 혹은 활동에서 촉발되는 느낌이다. 그렇다면 어떤 행위 혹은 활동이 완벽하게 이루어진다면, 그 행위활동는 최상의 쾌락을 수반하게 될 것이다. 이처럼 쾌락을 행위와 연결 지어 이해하게 되면, 이론적 사유의 쾌락에 대해서도 말할 수 있게 된다. "모든 감각은 자신이 감각할 수 있는 대상에 관계해서 활동하되, 가장 완벽하게 활동하는 것은 좋은 상태의 감각이 그 감각에 해당하는 감각 대상들 중 최선의 것에 관계할 때이다. (...) 모든 감각마다 그것에 따른 즐거움이 존재하며, 마찬가지로 사유와 관조에 따른 즐거움도 존재한다."[49]

여기서 아리스토텔레스가 말하는 최고의 즐거움, 즉 최고의 쾌락이 발생할 수 있기 위해서는 행위의 주체와 객체가 서로 최상의 관계를 맺음으로써 가능해진다. 쾌락은 이러한 관계 맺음의 자연스러운 결과이고, 이 관계 맺음이 중단되거나 원활하지 못하게 되면 쾌락도 사라진다. 어떤 행위가 최상의 수준에서 탁월한 방식으로 이루어질 때 발생하는 쾌락의 감정은 또한 성공의 기쁨을 수반한다. 이처럼 행복은 쾌락과 불가분의 관계를 맺고 있다.

그러나 여기서 중요한 것은, 아리스토텔레스가 탁월한 행위활동의 결과로서 주어지는 쾌락을 결코 행복과 동일시하지 않는다는 사실이다. 쾌락은 행복과 밀접한 관계를 맺고 있기는 하지만, 쾌락 그 자체가 곧 행복인 것은 아니다. 쾌락은 음식의 풍미를 돋우는 양념과 같은 것이다.[50] 양념이 훌륭한 음식에 필요한 것은 사실이지만, 양념 자체를 음식이라고 말할 수는 없다. 이와 마찬가지로 쾌락이 어떤 활동의 탁월성 제고에 필요한 것은 사실이지만, 쾌락 자체가 그 행위의 탁월성과 동일시될 수는 없다.

쾌락의 가치는 단지 그 행위의 고유한 목적과 관련해서만 상대적으로 측정될 수 있을 뿐이다. 즉 쾌락의 가치는 행위의 가치를 통해서 결정될 뿐이다.[51] "그러므로 즐거움이 [곧] 좋음인 것도 아니며 모든 즐거움이 선택할 만한 것도 아님이 이제 분명한 것 같다. 그리고 어떤 즐거움들은 [다른 즐거움들과] 종류에 있어서 구별되거나, 혹은 그 유래에 있어서 구별되기 때문에 그 자체로서 선택할 만한 것이라는 점도 이제 분명한 것 같다."[52] 물론 쾌락의 가치에 대한 평가는 다양한 방식으로 이루어진다. 같은 쾌락이라도 그것이 어떤 행위에서 비롯되었느냐에 따라 선할 수도 있고, 악할 수도 있다. 이처럼 쾌락의 가치에 대한 평가는 그것을 산출하는 행위가 무엇이냐에 따라 달라질 수 있기 때문에, 쾌락 자체를 두고 선 혹은 악으로 규정하는 것은 잘못된 것이다. 쾌락의 가치를 제대로 평가하고자 한다면, 그것을 촉발한 행위의 가치에 대한 평가가 먼저 이루어져야 한다.

쾌락 자체를 부정적으로 보지 않는다는 점에서 아리스토텔레스는 분명히 도덕적 엄숙주의자가 아니다. 아리스토텔레스가 보기에 인간의 쾌락 추구는 동물의 그것만큼이나 매우 자연스러운 현상이다. 그러나 인간의 쾌락 추구는 어디까지나 인간다운 방식으로 이루어져야 한다. 그렇다면 아리스토텔레스에게 '인간다운' 쾌락 추구는 무엇인가?

자연에 의해 결정된 '하나의' 방식으로 쾌락을 추구하는 동물과 달리 인간의 쾌락 추구는 매우 다양하게 이루어진다. 인간은 각자 자기만의 방식으로 쾌락을 추구할 뿐만 아니라,

쾌락을 경험하는 방식도 각자 다르다. 내가 경험한 쾌락이 반드시 타인에게도 쾌락이라는 보장은 없다. 쾌락을 경험하는 방식의 이러한 다양성에 인간의 쾌락 추구만이 가지는 특징이 놓여 있다. "오직 인간의 경우에만 [쾌락의 추구와 관련하여] 다양성이 나타난다. 같은 즐거움이라도 어떤 사람에게는 즐겁고, 어떤 사람에게는 고통스럽다. 어떤 사람에게는 고통과 증오를, 어떤 사람에게는 희열과 사랑을 불러일으킨다. 이것은 사탕의 경우와 같다. 같은 사탕이라도 열병환자와 건강한 사람에게 그 달콤함은 다르게 느껴진다."[53]

쾌락을 경험하는 방식이 이처럼 다르기 때문에, 또 무엇이 쾌락인지가 – 동물과는 달리 – 미리 결정되어 있지 않기 때문에, 인간에게 쾌락 추구는 일종의 과제로서 주어져 있다. 인간에게 중요한 것은 쾌락을 추구할 것인가 추구하지 말 것인가가 아니라, "즐거움[쾌락]과 고통을 올바른 방식으로 느낄 것인가 아니면 그릇된 방식으로 느낄 것인가"[54]이다.

모든 인간이 예외 없이 각자의 방식으로, 각자 자신만의 쾌락을 추구한다는 것은 부인할 수 없는 사실이다. 그러나 이러한 사실로부터 쾌락이 모든 것의 상위에 놓여 있다는 결론이 성급하게 도출되어서는 안 된다. 앞에서 살펴봤듯이 쾌락은 그 목적과 가치를 자기 안에 가지고 있지 않기 때문이다. 그러므로 쾌락 자체를 추구의 대상으로 삼는 것은 매우 위험하다. 쾌락을 쾌락이라는 이유만으로 추구하는 것은 언제나 과도함으로 이어질 수 있고, 이러한 과도한 쾌락 추구는 "짐승들의 삶을 선택"[55]하도록 만들 가능성이 크다. 그러므로 인간은 쾌락을 추구하기에 앞서 항상 자신에게 묻지 않으면 안 된다. 인간으로서 나는 어떤 쾌락을 어떻게 추구할 것인가?

인간에게 쾌락의 추구는 자연스럽고도 불가피한 것이다. 문제는 '어떻게' 쾌락을 추구할 것인가 하는 것이다. 이 물음에 대한 아리스토텔레스의 대답은 '절제'하며 쾌락을 추구하라는 것이다. 그렇다면 이 쾌락의 절제 혹은 절제하는 쾌락 추구는 어떻게 가능한 것인가?

쾌락의 절제는 한마디로 말해서 '중도'의 선택을 통해 가능하다. 중도는 양극단을 피하는 것을 말한다. 그러나 절제를 단지 양극단의 중앙평균치을 선택하는 것으로만 이해한다면 핵심을 놓치게 된다.[56] 왜냐하면 윤리적 탁월성의 특징은 "당연히 그래야 하는 일에 당연히 그래야 하는 방법으로 즐거워하거나 괴로워하는 것"[57]이기 때문이다. 윤리적 탁월성은 그것의 담지자가 특정한 상황 속에서 올바른 태도를 적절한 감정적 강도를 가지고 보이는 것 안에 존립한다. 이러한 중도mesotes는 언제나 최고의 가치를 나타낸다. "따라서 덕[탁월성]은 합리적 선택을 내포하고 우리 자신과 관련된 중간으로 이루어지며, 현명한 사람이 결정할 법한 방법으로 이성에 따라 결정된 마음가짐이다. 여기서 중간이란 지나침과 모자람이라는 두 악덕 사이의 중간이다. 탁월성이 중간인 까닭은 이런 악덕들은 감정과 행위에서 적당한 것에 미치지 못하거나 넘어서는 데 반해 탁월성은 중간을 찾아내어 선택하기 때문이기도 하다. 따라서 탁월성은 실체와 본질을 정의하자면 중용[중도]이지만, 무엇이 최선이고 무엇이 좋은지의 관점에서 보면 최상이다."[58]

이런 의미에서 중용은 행복의 조건일 뿐만 아니라, 그 자체로 행복의 계기이기도 하다. 중도를 취하는 자는 "말과 행동이 진실하며" 무엇보다 "솔직하다." 즉 자기 자신의 모습을 있는 그대로 드러내어 보이면서 자신을 "과장하지도 비하하지도 않는다."[59] 중도는 결국 자율적 태도를 의미한다. "교양 있고 자유인다운 사람은 자기가 자신에게 법인 양 그렇게 태도를 취한다."[60]

인간은 쾌락을 추구하되 마땅히 절제할 줄 알아야 한다. 이러한 쾌락의 절제, 즉 중도는 인간이 평생 추구해야 할 삶의 이상이자 과제이다. 아리스토텔레스는 삶의 이상으로서의 중도를 실천하는 태도를 일컬어 스푸다이오스spoudaios하다고 한다. 스푸다이오스한 태도의 본질적 특징은 "자기 자신과의 일치"[61]에 놓여 있다. 스푸다이오스의 태도를 가진 '훌륭한' 사람의 '자기 합일'은 삶의 모든 상황에서 중도, 단순한 중간 아닌 '최선'으로서의 중도를 선택할 수 있도록 해 준다. 매사 최선을 선택하는 자는 쾌락과 고통의 양극단으로부터 적절한 거리를 확보할 줄 안다. 기본적인 욕구 충족을 통해 쾌락을 추구하다가도 그것이 과도하다 싶으면 언제라도 거부할 줄 안다.

"절제하는 사람은 쾌락과 관련하여 중도를 지킨다. 그는 방종한 사람이 즐기는 것들을 오히려 싫어하고, 좋아해서는 안 될 것들을 가까이 하지 않는다. 또한 그는 어떤 쾌락도 과도하게 즐기지 않으며, 즐거운 것들이 없어도 괴로워하거나 아쉬워하지 않는다."[62]

양극단을 피하고 중도를 택함으로써 자신의 쾌락을 추구하는 방식은 우리에게도 시사하는 바가 크다. 지혜로운 자는 비겁함과 만용을 피하고 용기를 택한다. 아둔함과 완고함을 피하고 유연함을 택한다. 삶에 필요한 만큼만 적당히 자극을 추구하고, 감정의 밸런스와 일관된 태도를 유지한다. 중도를 택하는 사람은 "함께 살아가는 타자와의 토론과 거래에서"[63]

아부를 하지도 않고, 불필요한 반대로 인해 상대방의 불만과 원망을 사지도 않는다.

지혜로운 자는 어떤 일 앞에서도 긴장하는 법이 없기에 "느린 걸음걸이와 깊은 목소리와 부드러운 어투"를 유지하고, 서두름과 긴장의 산물인 "새된 목소리와 성급한 동작"을 멀리한다.[64] 또한 그는 어지간한 일 앞에서는 두려움을 느끼지도 위축되지도 않지만 결코 오만하지 않다. 굶주린 당나귀처럼 "매를 맞아도 밭에서 자라는 곡식을 먹어치우기를 멈추지 않는" 무모함은 피하지만, "[언제라도] 위험을 무릅쓸 각오"[65]가 되어 있는 사람이다. 이런 사람은 아무 때나 용기를 발휘하지 않는다. 왜냐하면 그는 "용기가 일종의 앎"[66]이라는 사실을 잘 알고 있을 뿐만 아니라, "용기가 강요당해서는 안 된다"[67]고 생각하기 때문이다.

이러한 모습에서 우리는 자신의 '앎'을 이론적인 영역 안에 가두지 않고, 삶 안에서 실천할 줄 아는 참된 인간의 모습을 발견한다. 이론과 실천을 겸비한 인간으로서 양극단을 피함으로써 행복한 삶의 영위에 성공한다. 쾌락은 더 이상 행복을 위해 피해야 하는 어떤 것이 아니라, 오히려 적절한 방식으로 즐겨야 하는 것을 의미한다.

03

쾌락의 경제

'어떻게 살아야 하는가?'라는 물음에 대한 쾌락주의의 기본 입장은 '가능한 한 많은 쾌락을 얻기 위해 노력하라!'일 것이다. 가능한 한 많은 쾌락의 경험을 약속해주는 삶의 방식이 최선이라는 것이다. 이러한 쾌락주의적 입장의 대표자는 에피쿠로스이다. 에피쿠로스는 기원전 300년경 아테네에 정원 딸린 집을 한 채 사서 학파를 창설했다고 알려져 있다. 이것은 훗날 에피쿠로스에게 '정원의 철학자'라는 이름을 안겨 주었다.[68]

『메노이케우스에게 보낸 편지』에서 에피쿠로스는 이렇게 말한다. "쾌락은 행복한makarios 삶의 시작이자 끝이다."[69] 즉 쾌락은 행복의 가장 중요한 조건이다. 그러나 여기서 에피쿠로스가 말하는 쾌락은 욕구 충족의 짧은 시간 동안 발생하는 강력하면서도 순간적인, 이른바 '말초적' 쾌락이 아니다. 오히려 그는 '조용한' 혹은 '정적인' 쾌락을 염두에 두고 있다. 이러한 쾌락을 에피쿠로스는 아타락시아ataraxia라고 불렀는데, 이 말은 그리스어로 영혼의 평온함, 즉 평정심을 뜻한다. "쾌락이 삶의 목표라고 말할 때 우리는 방탕의 쾌락이나 향락의 쾌락을 염두에 두고 있지 않다. (...) 우리가 말하는 쾌락은 육체적 고통과 영혼의 불안이 없는 상태이다."[70]

이처럼 육체적 고통과 정신적 불안의 부재不在를 쾌락으로 이해함으로써 에피쿠로스는 "부정적negative 쾌락주의"[71]의 원조로 평가받게 된다. 그러나 에피쿠로스의 쾌락 개념이 부정적 측면만 가지고 있는 것은 아니다. 왜냐하면 육체적 고통과 정신적 불안의 부재로서의 '부정적' 쾌락은 동시에 "생명의 자연스러움과 건강함"[72]의 가능 조건으로서 매우 '긍정적인' 측면도 가지고 있기 때문이다. 에피쿠로스가 말하는 이러한 '정적인' 쾌락, 즉 아타락시아는 저절로 찾아오지 않는다. 우선 '죽음에 대한 공포'에서 벗어나야 한다.

에피쿠로스에 의하면 죽음에 대한 공포는 '논리적으로' 잘못된 것이다. "모든 좋음과 나쁨이 지각 안에 존재"[73]한다는 사실을 깨달은 사람에게 죽음은 결코 나쁜 것일 수 없다. 왜냐하면 죽음은 영혼의 소멸을 의미할진대, 영혼의 소멸과 더불어 모든 지각과 의식 활동 자체가 사라지기 때문이다. 즉 의식이 사라지게 되면 죽음에 대한 어떤 지각도 가능하지 않을 것이고, 그때 죽음은 죽은 자에게 더 이상 좋은 것이거나 나쁜 것일 수 없게 된다. "소름 끼치도록 무서운 것, 즉 죽음은 우리와 무관하다. 왜냐하면 우리가 살아있는 한, 죽음은 [아직] 오지 않았고, 죽음이 오면, 우리는 더 이상 존재하지 않기 때문이다."[74]

'죽음에 대한 공포' 외에 인간의 평정심 유지를 힘들게 하는 것으로는 '육체적 고통'이 있다. 육체적 고통 앞에서의 두려움을 제거하기란 쉽지 않다. 왜냐하면 육체적 고통은 죽음에 대한 고통과 달리 논리적 문제가 아니기 때문이다. 고통이 인간의 평정심 유지에 커다란 장애물임을 에피쿠로스도 인정한다. 그러나 에피쿠로스는 고통이 무조건 두려워하고 피해야만 하는 것이라고는 보지 않는다. 육체적 고통은 인간이 쾌락을 느낄 수 있기 위해서라도 존재해야 한다. 게다가 고통은 대부분 "오래지 않아 지나간다."[75] 극심한 고통은 금방 지나가고 곧 새로운 쾌락이 찾아오거나 아니면 죽음이 찾아와서 고통을 제거해준다. 반면에 만성적 통증은 견딜만하다. 에피쿠로스의 이러한 주장이 당시의 의료수준과 밀접한 관계를 맺고 있음은 분명해 보인다. 즉 그 시대에 참을 수 없을 만큼 극심한 통증을 느낀다는 것은 죽음을 예약하는 것이나 마찬가지

였을 것이기 때문이다.[76]

끝으로 인간의 평정심 유지가 어려운 것은 바로 '욕구' 때문이다. 끝없이 충족을 요구하는 욕구를 절제하지 않고서 평정심은 불가능하다. 욕구의 절제는 '비자연적' 욕구와 '자연적' 욕구의 구분에서 시작된다.[77] 비자연적 욕구는 헛되고 공허하며, 허영과 탐욕을 낳는다. 허영과 탐욕의 불꽃은 꺼질 줄 모르고 타오르기에 인간 이성의 힘을 빌려서 진화해야 한다. 자연적 욕구의 충족은 불가피한 측면이 있다. 하지만 에피쿠로스는 자연적 욕구도 '필수적' 욕구와 '비필수적' 욕구로 나눈다. 자연적이지만 필수적이지 않은 욕구로는 성욕이 있다. 성욕의 가장 큰 특징은 금방 사라진다는 것이다. 에피쿠로스가 보기에 반드시 충족되어야 하는 욕구는 자연적이면서 필수적인 욕구들이다. 예컨대 식욕이 그렇다. 식욕과 같은 자연적-필수적 욕구는 반드시 충족되어야 하지만, 이 역시 과도해서는 안 된다. 왜냐하면 진수성찬 대신 약간의 물과 빵만으로도 식욕의 충족은 얼마든지 가능하기 때문이다.

그러므로 에피쿠로스의 이러한 가르침에 따라 사는 사람이라면 쾌락주의자라기보다 오히려 금욕주의자처럼 살아가게 된다. 말하자면 에피쿠로스의 관점에서 볼 때 '어떻게 살아야 하는가?'라는 물음에 대한 대답은 '가능한 한 욕구를 축소하라!'는 것이다. 이런 의미에서 호센펠더Malte Hossenfelder는 에피쿠로스를 포함하여 헬레니즘 시대 철학자들은 "경제적 원칙"[78]을 중시했다고 본다. 행복한 삶의 실현을 위한 가능성은 두 가지가 있다. 하나는 가능한 한 욕구를 많이 가지는 것이고, 다른 하나는 가능한 한 욕구를 적게 가지는 것이다. 이 두 가지 가능성 가운데 에피쿠로스가 권유하는 길은 물론 두 번째, 즉 '욕구 최소화'의 길이다. 욕구를 최소화하라는 것은 목적을 설정할 때도 실현 가능한 것만을 선택함으로써, 그것에 도달하려는 욕구 또한 줄이라는 것이다. 목적이 작을수록, 욕구가 적을수록 그만큼 행복의 가능성은 커진다.

물론 목적과 욕구의 최소화만으로 행복이 저절로 보장되는 것은 아니다. 목적과 욕구의 크기도 주관적이고 상대적이므로, 어떤 사람의 목적과 욕구를 두고 크다 작다를 일률적으로 말하는 것도 쉽지 않다. 바로 그렇기 때문에 에피쿠로스는 행복이 욕구 충족의 쾌락을 통해서가 아니라, 고통과 불쾌의 부재를 통해서만 가능하다고 '소극적으로' 말했던 것이다. 즉 행복은 적극적으로 욕구를 충족하고, 쾌락을 증대시킴으로써가 아니라, 오히려 가능한 한 욕구를 줄임으로써 가능하다고 본 것이다. 에피쿠로스에게 최고의 쾌락이 무엇이냐고 묻는다면, 아마도 쾌락을 최대한 많이 충족하는 것이 아니라, 고통과 불쾌를 최대한 많이 제거하는 것이라고 말할 것이다. 다시 말해서 어떤 쾌락이건 그것을 충족할 수만 있으면 행복하다는 식의 행복 전략은 그것이 지닌 자의성으로 말미암아 어떤 객관적 성격도 담보할 수 없다.

행복이 오늘날 사람들이 생각하는 것처럼 자신이 가지고 있는 욕구의 충족과 거기서 비롯된 만족감과 쾌락을 통해서만 가능한 것이라면, 쾌락이 없는 삶은 곧 불행을 의미하게 된다. 이러한 문제를 극복하기 위해서는 욕구를 새롭게 일깨우기보다는, 욕구의 절제를 위한 노력이 필요하다. 내가 가진 욕구를 하나라도 더 많이 충족하는 것이 나를 더 행복하게 해주는 것이 아님은 분명하다. 욕구를 충족함으로써 행복해지는 것은 한계가 있고, 결국은 실패하게 마련이다. 이 문제를 해결할 수 있는 유일한 길은, 에피쿠로스의 가르침대로, 욕구를 최소화하는 것이다.

물론 욕구의 최소화를 위해서 반드시 수도승처럼 살 필요는 없다. 새로운 것에 대한 끊임없는 호기심과 채워지지 않는 욕구의 사슬을 끊어내는 것, 욕구의 끊임없는 확대 재생산

이 행복보다는 오히려 불행을 초래할 뿐이라는 사실을 깨닫는 것으로 충분하다. 반드시 가져야 할 필요가 없는 욕구를 가지는 것만큼 어리석은 일도 없다. 우리의 내면에서 끊임없이 발생하는 욕구들을 최소화하는 것은, 욕구불만으로 인한 고통의 가능성 자체를 미리 차단하는 효과를 가진다. 우리가 아직 알지 못하는 새로운 욕구의 충족이 우리가 기대하는 쾌락이 아니라, 오히려 어떤 미지의 근심과 걱정, 미증유의 불행을 가져올 수도 있다는 사실을 반드시 기억해야 한다.

04

쾌락의 차이

에피쿠로스의 쾌락 개념이 오늘날의 시각에 볼 때 매우 낯선 것이라면, 공리주의자들이 말하는 쾌락은 매우 친숙하다. 공리주의자들은 '어떻게 살아야 하는가?'라는 물음을 유용성의 관점에서 바라본다. 이런 관점에서 볼 때 삶의 좋은 방식은 나와 공동체에게 이로운 것이고, 나쁜 삶의 방식은 나와 공동체에게 해로운 것이다.

공리주의Utilitarismus는 '효용'을 뜻하는 라틴어utilis에서 유래했고, 18세기에 영국에서 벤담Jeremy Bentham에 의해 시작되었다. 일상적 언어 영역에서 어떤 행위 혹은 대상이 가지는 '효용성'은 상대적이다. 즉 어떤 행위나 대상이 유용하다는 것은 그것이 우리가 도달하고자 하는 어떤 특정 목적과 관련해서 이롭다고 판단될 때이다. 그러나 공리주의에서 말하는 '효용성'은 일상적 언어 영역에서와 달리 '절대적' 의미를 가진다. 공리주의가 주목하는 것은 "그 자체로 혹은 단적으로 좋음을 위한 효용"이다.[79] 이러한 효용성은 고전적 공리주의에서 행위가 행위자에게 제공하는 '쾌락' 혹은 '불쾌의 축소'로 정의된다. 그러므로 행복한 삶과 불행한 삶의 척도는 개인적 욕구의 충족 혹은 이익의 실현에서 나오는 쾌락이다.[80] 쾌락은 한 인간의 삶의 궁극목적으로서의 행복과 동일시된다. "'행복'이란 여기서 쾌락, 즉 고통의 부재를 의미한다. 따라서 '불행'은 쾌락의 결핍과 고통을 말한다."[81]

에피쿠로스의 고대적 쾌락주의가 '나'의 쾌락에만 관심을 둠으로써 개인적 성격을 갖는다면, 근대적 쾌락주의로서의 공리주의는 보편성을 지향한다. 공리주의적 시각에서 볼 때 어떤 행위가 좋은 것은, 그 행위와 관련된 모든 사람의 쾌락이 최대치에 도달할 때이다. 이처럼 공리주의는 한 개인이 느끼는 쾌락에서 출발하지만, 한 개인의 행위가 가진 효용 가치는 모든 개인이 느끼는 쾌락의 양의 크기에 달려있다. 한 개인의 행위와 관련된 모든 다른 사람들이 고려됨으로써 사회윤리적 차원으로의 진입이 가능해진다. 그러므로 공리주의적 도덕 원칙은 '효용의 원칙' 혹은 '최대 행복의 원칙'이라는 이름으로 불린다.

어떤 행위의 좋고 나쁨은 – 벤담의 표현을 빌리자면 – "그 행위가 문제 되는 집단의 행복을 얼마나 증가 혹은 감소시키는 것처럼 보이느냐"[82]에 달려있다. '어떻게 행위할 것인가?'라는 윤리적 근본 물음에 대한 답변은 다음과 같은 준칙으로 짧게 표현될 수 있다. "너의 행위의 결과 혹은 행위의 규칙이 모든 사람의 행복 증진에 최대한 유익하도록 행위하라."[83] 물론 모든 사람의 이익을 평등하게 고려한다고 해서 반드시 행복이 정의롭게 분배되는 것은 아니다. 예컨대 다섯 명의 환자를 살리기 위해서 한 명의 환자를 강제로 장기기증자로 만들 수는 없다. 왜냐하면 장기공여를 통해 다섯 명의 환자가 얻는 효용의 총합은 매우 크지만, 이것은 결코 윤리적으로 타당하지 않기 때문이다.

벤담은 공리주의적 원칙의 증명이 "가능하지도 않고, 필요하지도 않다"[84]고 생각했다. 왜냐하면 인간은 선천적으로 언제나 이미 쾌락은 늘리고 고통은 줄이고자 하기 때문이다. "자연은 인간이 [태어나면서부터] 고통과 쾌락이라는 두 개의 주권 영역의 지배를 받도록 만들었다."[85] 벤담의 이런 생각을 물려받은 밀John Stuart Mill도 공리주의적 원칙의 타당성을 철학적으로 정초하는 대신, 일종의 유추 논법을 동원하여 공리주의적 원칙의 타당성을 설명한다. 어떤 대상이 눈에 보인다는 사실의 증명이 실제로 그것을 봄으로써 가능하듯이, 쾌락의 가치는 실제로 많은 사람이 그것을 추구한다는 사실로부터 증명될 수 있다.[86] 그러나 어떤 것의 사실존재과 그것의 가치당위는 전혀 다른 것이다. '사실'로부터 그것의 '가치'가 저절로 도출될 수는 없다. 말하자면 많은 사람들이 쾌락을 추구한다는 '사실'로부터 쾌락의 '가치'가 저절로 증명되는 것도 아니고, 사람이라면 '마땅히' 쾌락을 추구해야 한다는 당위성이 도출되는 것도 아니다.

공리주의자들에게 중요한 것은 사람들이 쾌락을 추구한다는 '사실' 그 자체이다. 공리주의자 벤담에게 쾌락의 질적 차이는 별로 중요하지 않았다. 벤담은 쾌락의 양을 중시하는 '양적' 쾌락주의를 표방한다. "쾌락의 양은 동일하다. 압정 놀이는 시 읽기만큼이나 즐겁다."[87] 어린이들이 '압정 놀이'를 통해서 얻는 즐거움이나 '시 읽기'의 즐거움은 둘 다 '쾌락'이라는 점에서 볼 때 하등의 차이가 없다는 것이다. 물론 벤담의 이러한 '양적' 공리주의는 육체적 쾌락과 정신적 쾌락의 차이를 무시한다는 비판에 직면했다.

이러한 비판에서 벗어나기 위해 밀John Stuart Mill은 벤담과 달리 '질적' 쾌락주의를 표방했다. "만족한 돼지보다 만족하지 못한 인간이 낫다. 만족한 바보보다 만족하지 못한 소크라테스가 낫다."[88] 쾌락의 양적 차이, 즉 쾌락의 지속성만을 고려하는 '양적' 쾌락주의와 달리 밀은 쾌락의 가치가 양 아닌 질에 의해 측정되어야 함을 강조한다. 그렇다면 쾌락의 질적 차이는 무엇에 의해 구분되는가? 쾌락의 가치를 구분하는 기준은 무엇인가?

밀은 우선 고대로부터 이어져 내려오는 철학적 전통에 따라 육체적 쾌락과 정신적 쾌락을 구별하고, 정신적 쾌락의 가치를 육체적 쾌락보다 높게 평가한다. 밀이 말하는 쾌락의 위계질서 안에서 육체적 쾌락은 가장 낮은 단계에 속한다. 육체적 쾌락의 바로 위에는 음악감상과 독서와 같은 고상한 즐거움이 자리 잡고 있다. 그 위에는 상상과 창조적 활동의 즐거움이 있고, 그 위에는 이성적 숙고와 과학적 탐구의 즐거움이 있다. 가장 높은 곳에는 도덕적-종교적 행위에서 나오는 즐거움이 있다. 식사, 성애, 휴식의 즐거움은 특별한 정신적 노력이나 교육 없이도 가능한 반면, 높은 평가를 받는 즐거움들, 즉 창조적, 지적, 사회적 활동에서 나오는 즐거움은 고도의 인간적 능력의 개발을 전제한다. 그래서 밀은 정신적 관심의 개발과 이기심의 극복의 중요성을 강조한다. "[교양인은] 자신의 삶 주변에서 흥미로운 일을 끊임없이 찾아낸다. 자연의 아름다움, 예술의 발전, 시적 상상력, 역사적 사건, 사람이 과거와 현재를 통해 살아가는 길과 그 미래의 모습 등 수많은 것들이 그 사람의 관심을 끈다."[89] 자신의 정신적 능력을 썩히는 사람, 오직 자기 자신만 생각하며 사는 사람은 타인과의 감정적 유대가 힘들다. 그런 사람에게는 "삶의 자극이 매우 제한적이기 때문이다."[90]

인간적 쾌락의 질은 결국 그것과 관계하는 능력들의 '높이'에 따라, 즉 쾌락의 원천이 무엇이냐에 따라 결정된다. 인간적 쾌락과 돼지가 느끼는 쾌락이 다른 것은 그것의 원천이 근본적으로 다르기 때문이다. 밀은 다양한 쾌락들 사이에 존재하는 위계질서 혹은 쾌락의 발생과 관계하는 인간 능력의 위계질서를 보여준다. 인간이라면 누구나 선택하고 싶은 고차원적 쾌락이 존재한다고 믿는다. 이러한 고차원적 쾌락이 인간의 인간다움의 조건을 형성한다고 보는 것이다.

"내가 쾌락의 질적 차이에 대해 말할 때, 혹은 어떤 쾌락의 가치가 (...) 다른 쾌락보다 더 크다고 말할 때, 내가 무엇을 염두에 두고 있느냐고 묻는다면, 단 하나의 대답이 있을 뿐이다. 두 개의 쾌락을 경험한 사람들 전부 혹은 거의 전부가 (...) 망설임 없이 둘 가운데 어떤 하나를 선택한다면, 그 쾌락이 더 큰 가치를 가진다. (...) 두 개의 쾌락에 대해 동일한 앎과, 동일한 감수성을 지니고 있다면, 자신의 보다 높은 능력과 관계하는 삶의 방식을 망설임 없이 선호하리라는 것은 논쟁의 여지가 없는 사실이다."[91]

정신적 능력이 세분화 되면 될수록, 더 많이 개발되면 될수록 인간의 인간다움도 더 커진다. 설사 동물이나 바보가 되어 느끼는 만족감이 더 커진다고 해도, 그런 이유로 실제로 동물이나 바보가 되기를 바랄 인간은 없다. 돼지가 느끼는 쾌락을 위해 인간이기를 포기할 인간은 존재하지 않는다. 왜냐하면 인간은 '존엄의 감정'과 '자유에 대한 사랑'을 가지고 있기 때문이다. 밀은 자신이 스토아학파까지 거슬러 올라가는 서양의 오랜 철학적 전통에 빚지고 있음을 스스로 잘 알고 있다. 밀의 이러한 인간학적 전제는 인본주의 심리학의 최근 연구들에 의해 보완되는 중이다. 인본주의 심리학 역시 인간에게 최고선은 자유이며, 인간적 삶의 목표가 자신의 특유한 인간적 능력의 개발에 있음을 강조하기 때문이다.[92]

그러나 질적으로 더 높은 단계의 쾌락이 왜 양적으로 더 큰 쾌락으로 지각될 수 없는가 하는 문제는 대답하기 쉽지 않다. '양'이라는 말 아래에서 밀이 이해한 것은 – 벤담과 마찬가지로 – 쾌락의 강도였다. 인간이 질적으로 더 나은 쾌락을 선택하는 것은 그것의 수준이 더 높기 때문에, 혹은 그 쾌락과 관계하는 인간적 능력의 수준이 더 고차적이기 때문이다. 그렇다면 우리는 실제로 행복한 돼지로 사느니 차라리 불행한 인간으로 사는 것을 선호해야 한다. 그러나 이것은 한 개인에게 행복 혹은 쾌락의 최대치를 요구하는 공리주의적 원칙과 충돌한다. 왜냐하면 행복한 삶은 "불쾌는 가능한 한 적고, 쾌락은 양적으로나 질적으로 가능한 한 많은 삶"이기 때문이다.[93]

이렇게 놓고 볼 때 질적인 쾌락주의는 그 자체로 모순이다. 인간에게 돼지의 쾌락이 최대의 행복을 약속해준다면, 돼지의 쾌락을 선택하는 것이 – 공리주의적 관점에서 볼 때 – 더 일관성 있는 것이다. 그러나 밀의 인간학적 전제에 따르면 인간이 돼지처럼 산다면 그는 결코 행복해질 수 없다. 인간은 인간적 존엄의 감정과 자유로움 안에서 자신의 정신적 문화적 능력을 발휘하면서 살 때 비로소 행복해질 수 있다. 그렇기에 밀은 자유의 사용과 고차적 소질의 발휘가 인간에게 "행복의 결정적인 구성요소가 된다는 점, 인간의 존엄을 해치는 것은 무엇이 됐든 단 한 순간도 진심으로 원할 수 없다는 점"[94]을 강조한다. 인간이 돼지처럼 살지 않는 것은, 인간다운 인간은 결코 돼지와 같은 삶의 방식을 통해서는 만족을 느낄 수 없기 때문이다. 이것은 인본주의 심리학의 연구 결과와도 일치한다. 왜냐하면 인본주의 심리학은 보다 높은 등급의 욕구들 혹은 보다 높은 수준의 추구에서 나온 만족이 더 큰 행복을 가능케 해준다는 사실을 보여 주기 때문이다.

05

쾌락의 역설

가능한 한 많은 쾌락의 경험을 삶의 원칙으로 삼고 살아가는 사람은 '쾌락의 역설'에 봉착하게 마련이다. '쾌락의 역설'이란 쾌락을 직접 겨냥하면 할수록, 쾌락 경험의 가능성은 그만큼 더 줄어든다는 것이다. "인간이 쾌락을 중시하면 할수록 그만큼 그는 더 많은 쾌락을 잃는다. 인간이 행복을 추구하면 할수록 그만큼 그는 더 길을 잃고 헤맨다."[95] 어떤 심리적 혹은 육체적 결핍을 채우기 위한 수단으로 쾌락을 추구하는 것은 특히 위험하다. 새로운 쾌락을 끊임없이 추구하고, 쾌락에 탐닉하는 것은 "성도착적 징후를 수반"[96]하기 쉽고, 바깥세상과의 관계 맺음을 어렵게 한다.[97] 신경증 환자의 가장 큰 특징 중 하나는 바깥세상보다 자신의 '내면'에 더 큰 관심을 둔다는 것이다.

프랑클Viktor Frankl에 따르면 성적 노이로제 환자는 성적인 쾌락에 집착하는 경우가 많지만, 오히려 그럴수록 성적인 쾌락은 줄어든다.[98] 쾌락 자체를 목적으로 삼는 사람이 오히려 쾌락을 느끼기 힘든 것은, 인간은 쾌락의 '근거'를 필요로 하기 때문이다. 즉 쾌락을 원하는 '이유'가 필요하기 때문이다. 쾌락의 근거와 이유가 분명할 때 행복은 저절로 찾아온다. 쾌락주의자들은 인간이 어떤 것을 추구하는 이유를 쾌락에서 찾지만, – 아리스토텔레스가 말하듯이 – 쾌락은 추구의 목적이 아니라, 단지 추구에 수반되는 '덤'에 불과한 것인지도 모른다.

과연 쾌락이 모든 인간의 일차적 목적일까? 노직Robert Nozick은 그렇지 않다고 본다. 쾌락은 좋은 것이고, 그 자체가 행복이라는 쾌락주의자의 주장을 논박하기 위해 노직은 한 가지 사유 실험을 제안한다.[99] 욕조 안에 사람이 들어있고, 그의 뇌에는 '경험 기계Experience machine'가 전극을 통해 연결되어 있다고 상상해 보라. '경험 기계'는 인간의 뇌에 전극을 연결하여, 그가 원하는 어떤 경험이라도 가능하게 해주는 가상의 기계를 말한다. 이 기계를 사용하는 사람은 마음만 먹으면 언제든 쾌락을 느낄 수 있다. 심지어 이 경험 기계를 통해서 뇌에 일련의 자극을 줌으로써, 위대한 소설작품을 쓰고 있다거나, 누군가와 새로운 우정을 쌓고 있다는 생각을 주입할 수도 있다. 그렇다면 이 사람은 이러한 지속적인 쾌락 경험을 위해서 평생토록 이 경험 기계를 연결할 수 있을까? 당신이라면 이 기계를 자신의 뇌에 연결하겠는가? 이 물음에 대한 당신의 대답은 물론 '아니오'일 것이다.

그렇다면 당신은 경험 기계의 연결을 왜 거부하는가? 아마도 쾌락의 경험보다 더 중요한 것이 있다고 믿기 때문일 것이다. 즉 쾌락에 대한 경험이 행복한 삶의 전부가 아니라고 생각하기 때문이다. 특히 기계에 의해 인위적으로 느껴진 쾌락이 '가짜'라고 믿기 때문이다. 행복한 삶의 영위에서 무엇보다 중요한 것은 어떤 행위를 통해 단순히 어떤 '좋은 기분'을 느끼는 것이 아니라, 그 느낌이 누구의 것이냐이다. 즉 경험의 주체가 '나 자신'이어야 한다. 기계가 가져다준 '좋은 기분'은 가짜일 뿐이다. 워쇼스키 형제가 영화 「매트릭스」에서 그려낸 상황처럼, '인공 자궁' 안에 갇힌 상태에서 잠든 상태로 쾌락을 경험하고 '좋은 기분'을 느낀들 무슨 의미가 있겠는가? 모름지기 진짜 인간이라면 외부에 '실제로' 존재하는 세계와 부딪히고, 이런 현실 세계와의 관계 맺음을 통해서 일어나는 변화를 '직접' 경험해야 한다.

쾌락주의자로 분류되는 프로이트가 말년에 보여준 삶의 태도도 우리에게 많은 것을 시사해준다. 잘 알려진 대로 프로이트는 구강암으로 극심한 고통에 시달렸다. 그러나 그는 삼

십여 차례에 걸친 수술을 받으면서도 의사의 모르핀 투약을 한사코 거부했다. 모르핀 투약으로 몽롱해진 의식으로는 저술 활동이 불가능하다는 사실을 잘 알고 있었기 때문이다. 말하자면 프로이트는 일부러 '기분 좋음'의 상태를 거부한 것이다. 그는 편안하지만 몽롱한 의식 대신 고통스럽지만 깨어 있는 의식을 선택했다.

물론 프로이트는 단지 육체적 고통으로부터의 해방보다 명료한 의식의 소유와 집필이 그에게 더 큰 '쾌락'을 가져다줄 것이라 믿었을 뿐이라고 반박하는 사람도 있을 것이다. 즉 프로이트는 여전히 '쾌락'의 행복을 추구했다고 봐야 한다는 것이다. 그러나 이 경우 프로이트가 추구한 행복은 이미 '주관적 쾌락'으로서의 행복, 즉 쾌락주의적 관점에서 이해된 행복과는 다른 것이다. 프로이트가 행복이라고 여긴 것은 주관적인 특정 심리 상태, 말하자면 '기분 좋음'의 상태가 아니다. 엄밀히 말해서 프로이트에게 행복은 그가 원했던 것, 즉 '명료한 의식의 소유와 집필'의 실현, 즉 욕구의 충족에서 비롯된 만족감이다. 프로이트가 원했던 것은 극심한 육체적 고통 속에서도 명료한 의식을 유지하는 것이었다. 분명히 그의 이 바람은 모르핀 투약을 통한 고통 제거의 바람보다 더 컸다. 명료한 의식의 유지를 통한 집필의 욕구가 육체적 고통으로부터 벗어나고 싶다는 바람보다 더 컸기에, 명료한 사유에 대한 욕구의 충족에서 비롯된 행복이 고통 없음의 욕구 충족에서 나온 행복보다 더 컸던 것이다. 이때 '더 큰 행복'이란, 명료한 사유에 대한 욕구가 고통 없음의 욕구보다 더 컸음을 의미한다. 그러므로 여기서 행복은 더 이상 '기분 좋음'이 아니라, 바로 명료한 의식을 가지고 책을 쓰고 싶다는 의지의 실현, 즉 자유이다.

행복하고 즐거운 삶의 영위에 가장 필요한 것은 이처럼 단순한 쾌락이 아니라, 바로 '자유'이다. 인간은 행복한 삶을 살기 위해 돼지의 쾌락보다 자유를 더 원한다. 그렇기에 밀John Stuart Mill은, 인간은 돼지의 쾌락만으로는 결코 만족할 수 없다고 주장할 수 있었던 것이다. 자기의 의지에 따라 자신의 삶을 규정할 수 있는 능력, 즉 자유는 행복한 삶의 영위에 반드시 필요한 조건이며, 모든 자존감의 원천이다. '어떻게 살아야 하는가?'라는 물음 자체가 내가 가지고 있는 자유의 증거이자 결과이다. 노직이 말한 '경험 기계'의 연결을 허용한다는 것은 이러한 자유의 포기를 의미하는 것이고, 이것은 결국 행복한 삶의 가능성 자체를 파괴하는 것이나 마찬가지다.

일찍이 아리스토텔레스가 지적했듯이 인간은 너나 할 것 없이 쾌락을 추구하는 삶bios apolaustikos의 방식을 선택하는 경향이 있다. 그러나 쾌락, 특히 육체적 쾌락을 탐닉하는 삶은 인간성의 징표인 자유를 포기하고 동물적 욕구에 굴복한 삶, 노예의 삶을 살겠다는 것과 다름없다. "대중은 짐승의 삶을 선택함으로써, 그들의 삶이 전적으로 노예적임을 보여준다."[100] 그렇기 때문에 아리스토텔레스는 대중의 강력한 선호가 있음에도 불구하고 쾌락의 삶을 비판한다. 쾌락의 삶을 선택하는 사람은 인간 본연의 모습을 저버리고 본능적 충동에 자신을 내맡김으로써 자유가 없는 삶을 살고자 한다. 물론 쾌락 자체가 나쁜 것은 아니다. 그러나 아리스토텔레스와 그의 후예 철학자들이 쾌락 추구의 삶을 비판하는 것은, 그것이 절대시 되고, 마치 유일하게 가치 있는 삶의 방식인 것처럼 오해될 여지가 크기 때문이다. 쾌락 추구적 삶의 방식을 삶의 원칙으로 받아들이면, 본능적 충동과 정념의 노예가 되기 쉽고, 결국 자신의 삶을 스스로 결정하면서 살아갈 수 없게 된다. 이러한 삶의 방식은 자신을 스스로 동물의 차원으로 끌어내리는 것과 같다. 그러나 인간의 자유는 동물적 쾌락의 획득을 위해 포기하기에는 너무나 소중한 것이다.

그러므로 행복한 삶을 살기 위해서는 쾌락을 향한 본능적 욕구로부터 반드시 일정한 거리를 둘 수 있어야 한다. "쾌락이 최고선이 아니며, 모든 쾌락이 바람직한 것도 아니라는 것"[101]을 분명하게 알아야 한다. 특히 도덕적으로 부적절하고 부끄러운 행위에서 비롯된 쾌락은 단호하게 물리쳐야 한다. 건강한 쾌락을 추구해야 한다. 몸에 난 부스럼을 긁을 때 쾌감을 느낀다는 이유로 자기의 몸에 일부러 부스럼을 만드는 우를 범해서는 안 된다.

III

자기실현의 행복

"어떤 사람이 행복할 때란

그의 계획이 잘 진행되고

보다 중요한 그의 포부가 충족되며

그의 행운이 오래 지속할 것이라는

기분이 들 때이다."[102]

III

자기실현의 행복

01

소망, 목표, 정보

'어떻게 살아야 하는가?'라는 물음에 대한 두 번째 대답은 '가능한 한 많은 소망과 목표들이 실현되도록 살아라!'이다. 칸트의 표현을 빌려서 말한다면 이러한 삶은 "모든 것이 [자신의] 바람과 의지대로 순조롭게 흘러가는"[103] 삶이다. 내가 가진 소망들 가운데 얼마나 많은 소망이 충족되느냐가 나의 삶이 얼마나 행복한지를 결정짓는다. "한 사람의 행복한 삶은 살아가면서 그가 지향하는 소망들이 단순한 환상으로 머물지 않고, 실제로 충분히 이루어질 때 비로소 가능해진다."[104]

소망은 목표와 깊은 관계를 맺고 있다. 그러나 엄밀하게 볼 때 소망과 목표는 다르다. 소망은 내가 무엇인가를 간절히 바라는 마음 혹은 그 대상을 말한다. 일차적 욕구의 결핍을 해소하고 싶은 단순한 소망부터 많은 것이 요구되는 복잡한 소망에 이르기까지 소망의 범위는 매우 넓다. 한 접시의 음식으로 배고픔을 달랬으면 하는 사소한 소망도 있고, 인생 전체가 달린 시험에서 합격하고 싶은 중요한 소망도 있다. 어떤 소망이건 바라는 것을 가질 때 인간은 만족감을 느낀다. 과일을 먹고 싶은 욕구보다 밥을 먹고 싶은 욕구가 더 클 때, 밥을 먹는 것은 먹는 이에게 더 큰 만족을 준다. 배고픈 사람이 밥을 먹는 것만큼 '행복한' 일도 없다. 어떤 것이 나에게 더 큰 만족과 행복을 주는지는 전적으로 나의 주관적 선호에 달려 있다. 만약 과일에 대한 나의 욕구가 밥에 대한 욕구보다 크다면, 그러나 밥을 먹어야만 하는 상황이라면, 그것은 나에게 어떤 만족이나 행복도 주지 못할 것이다. 내가 무엇을 얼마나 원하느냐, 그 소망이 얼마나 이루어지느냐에 나의 행복한 삶의 영위가 달려 있다. 이때 내가 '무엇을', '왜' 원하느냐, 즉 욕구의 대상과 이유는 중요하지 않다. 중요한 것은 '내가' 그것을 원한다는 사실 바로 그것이다.

앞에서 말했듯이, 엄밀한 의미에서 소망과 목표는 다르다. 소망이 나의 주관적인 바람이라면, 목표는 내가 노력을 통해 도달하고 싶은 미래의 상태 혹은 대상을 가리킨다. 소망과 목표의 관계를 라인베르크Falko Rheinberg는 '루비콘강의 예시'를 들어 설명한다.[105] 시저의 '주관적' 소망이 '객관적' 목표로 바뀌기 위해서는, 목표의 실현 가능성과 결과에 대한 검토가 선행해야 한다. 루비콘강을 건너는 시저의 행위는 자신의 소망을 반드시 이루겠다는 결단의 결과이고, 이 결단은 소망 성취에 필요한 계획의 타당성과 결단이 가져올 결과에 대한 검토를 요구한다.

시저가 자신의 소망을 충분히 검토하고, 그 문제성과 한계 등을 스스로 이해하지 않고, 루비콘강을 건넌다면 소망의 성취 가능성은 적어진다. '목표'와 관련해서 특히 중요한 것은 '의도'이다. 의도가 확실하지 않은 상태에서 목표 달성은 쉽지 않다. 그것을 왜 자신의 목표로 삼았는지를 알지 못하는 사람이 어떻게 목표를 달성할 수 있겠는가? 그러므로 목표를 달성하기 위해서는 목표 설정의 이유를 분명하게 이해하고, 스스로 자신의 행위를 통제할 수 있어야만 한다. 엄격하면서도 자발적인 자기통제 없이는 어떤 목표도 달성될 수 없다. 요컨대 목표는 "효율적으로 행위를 통제하는 소망"[106] 혹은 소망을 이루기 위한 "의도적 행위의 결과"[107]라고 말할 수 있다.

소망을 가지고 살아간다는 것은 매우 중요하다. 그러나 모든 소망이 반드시 삶에 유익한 것은 아니다. 잘못된 것을 바랄 수도 있기 때문이다. 그러므로 중요한 것은 내가 가진 소망이 합리성과 정보성을 보유하고 있느냐 여부이다. 예를 들어보자. 한 컵의 물을 마시고 싶어 하는 사람이 있다. 이 사람은 컵 안의 물이 진짜 물이라고 생각한다. 그런데 사실은 물이 아니라 술이다. 게다가 이 사람은 술을 전혀 마시지 못한다. 그렇다면 컵 안의 '물'(사실은 술)을 마시는 것이 이 사람에게 좋은 일일까? 그럴 리 없다. 물 아닌 술을 물로 착각하여 마시는 것은 이 사람에게 해를 끼칠 것이다. 만족감은커녕 고통을 줄 것이다. 이처럼 어떤 사람의 욕구를 충족하는 것, 즉 마시고 싶어서 물을 마시는 것이 늘 좋은 것은 아니다. 내가 바라는 것(물)이 진짜 물인지, 물처럼 보이지만 사실은 물이 아닌지에 대한 정확한 정보를 가지는 것이 무엇보다 중요하다. 욕구의 충족이 나에게 만족과 행복을 가져다주려면, 욕구의 대상, 즉 물에 대한 정확한 앎이 선행해야 한다. 자기가 마시려고 하는 물이 사실은 술임을 알고 있었다면, 그 사람은 아무리 갈증이 나더라도 그것을 마시지 않았을 것이다. 어쩌면 마시고 싶은 욕구가 아예 일어나지도 않았을 것이다. 왜냐하면 욕구 대상에 대한 정확한 앎이 그러한 잘못된 욕구를 차단했을 것이기 때문이다.

나의 소망이 정보성을 갖춘 것으로 인정받으려면, 논리적 오류를 범하지도 않고, 잘못된 전제를 깔고 있지도 않아야 한다. 왜냐하면 우리가 가지고 있는 소망들 가운데 많은 것들은 현실에 대한 잘못된 이해와 연결되어 있기 때문이다. 내가 가진 소망이 사실은 세계와 타인에 대한 착각과 오해에서 비롯된 것일 수도 있고, 근본적으로 잘못된 전제에서 나온 것일 수도 있는 것이다.

이처럼 착각과 오해에서 비롯된 소망은 충분한 정보를 가질 수 없고, 이처럼 충분한 정보를 가지지 못한 소망은 나중에 잘못된 결과와 불행을 낳게 된다. 예컨대 어떤 화가의 그림을 소장하고 싶다는 소망을 가진 사람이 오랜 시간 열심히 일해서 그림 구입에 필요한 만큼의 돈을 모았다고 치자. 그런데 그림에 대한 정보가 부족하여 진품 아닌 가품을 구입했다면 그의 실망은 이만저만 크지 않을 것이다. 그림을 구입하기 전에 충분한 정보를 가지고 있었더라면, 보다 신중하게 그림을 구입할 수 있었을 테고, 그랬다면 자신의 소망 충족에 실패하지 않을 수 있었을 것이다. 물론 나의 소망과 관련하여 모든 정보를 사전에 완벽하게 입수할 수는 없다. 소망의 합리성과 정보성이 완벽할 수도 없다. 그러나 내가 가진 소망의 합리성과 정보성 여부에 대해 판단할 수 있는 '객관적' 기준은 가지고 있어야 한다. 객관적이고 중립적인 시각에 비춰서 내가 가진 소망이 비현실적이고, 불합리하다면, 그 소망은 충분한 정보를 가지고 있지 못하다는 것을 의미한다.[108]

그리핀James Griffin이 소망의 정보성을 강조했다면, 프롬Erich Fromm은 소망의 합리성을 강조한다. 프롬에 따르면 병적인 소망을 가진 사람은 결코 만족감이나 성취감을 느끼지 못한다. 병적인 소망의 비근한 예는 여성 편력이 심한 남자들의 성적 욕망이다. 정신분석학적 관점에서 볼 때 이러한 소망을 가진 남자들은 대부분 극도의 열등감과 불안감에 사로잡혀 있다. 이들은 자신의 끊임없는 여성 편력이 성적 욕망의 충족을 원하기 때문이라고 믿는다. 그러나 실제로 그들이 원하는 것은 허약한 자신감과 자존감의 회복이다. 따라서 그가 아무리 많은 여성을 유혹하더라도 자신감과 자존감 회복의 소망은 이루어질 수 없다. 이것은 아무리 잠을 많이 자도 계속 졸리는 "신경증적 졸림"[109]과 비슷하다. '신경증적 졸림'의 원인은 육체적 피로가 아니라, 억압된 불안이나 분노이다. 따라서 이 증상은 잠을 잔다고 사라지지 않는다. 아무리 많은 잠을 자도 여전히 피곤하고, 졸릴 뿐이다.

엄밀하게 말해서 모든 신경증적 소망은 충족될 수 없다. 왜냐하면 자신이 무엇을 왜 소망하고 있는지 스스로 알지 못하기 때문이다. 즉 신경증적 소망을 가진 사람은 끊임없는 자기기만의 상태에 놓여 있다. 이런 사람은 자신이 어떤 것을 소망하고 있다는 착각과 오해 속에서 자신의 억압된 '진짜' 소망의 성취를 위해 무엇을 해야 할지 전혀 알지 못한다. 이러한 무지 속에서 그는 자신의 소망을 충족하기 위해서 잘못된 수단을 동원하곤 한다. 예컨대 끊임없이 여성을 유혹하거나 시도 때도 없이 열심히 잠만 잔다. 그러나 이것은 자신의 '진짜' 소망이 무엇인지 모르기 때문에 행해지는 헛수고일 뿐이다.

내가 어떤 소망을 가지고 살아가는 것은, 그 소망이 나의 삶에 도움이 될 것이라는 기대가 있기 때문이다. 또한 나의 소망이 추구할만한 가치를 가지고 있다고 믿기 때문이다. 그러나 나의 이러한 기대와 믿음이 옳다는 근거가 있는가? 내가 나의 소망에 대해 가지는 이런 기대와 믿음이 잘못된 것일 수도 있지 않겠는가? 내가 가진 기대와 믿음의 옳고 그름에 대한 '객관적' 판단은 가능한 것인가? 아니면 소망하는 나의 '주관적' 만족이 있을 뿐인가? 어떤 소망이 '좋은' 소망인가? 나는 도대체 어떤 소망을 추구해야 하는가?

셀Martin Seel에 의하면 좋은 소망은 "그것의 실현이 실제로 많은 충족을 약속해 주는"[110] 소망이다. 그러나 셀의 이러한 대답은 별로 큰 도움이 되지 못한다. '많은' 충족을 약속해 주는 것처럼 보였던 소망이 막상 추구해 보니 전혀 그렇지 못한 것으로 밝혀지는 경우는 너무나 많기 때문이다. 결혼해서 가정을 꾸리고 아이를 낳아 기르고 싶은 소망은 막상 엄마나 아빠가 된 다음 큰 후회를 불러일으킬 수 있다. 반대로 독신으로 살면서 최대한 자유를 만끽하며 살고 싶은 소망 역시 기대했던 것만큼 좋지 않을 수 있다. 간절하게 들어가길 원했던 직장도 막상 들어가 보니 얼마든지 예상과 다를 수 있다. 결혼해서 가정을 꾸리는 것이 그토록 힘들 줄 알았으면 그런 소망을 가지지 않았을지도 모른다. 독신생활과 직장생활도 마찬가지다.[111] 그러므로 여전히 물음은 남는다. 도대체 나는 무엇을 소망하며 살아야 하는가?

게다가 나의 소망은 내가 선택한 게 아닌지도 모른다. 왜냐하면 엄격하게 말해서 나의 소망은 내가 만든 게 아니라 내가 속한 공동체의 가치체계로부터 '주어진' 것이기 때문이다. 즉 소망은 분명히 '나의' 것이지만, 그것을 소망하도록 만든 것은 나 자신이라기보다는 내가 태어나서 자란 공동체이다. 심지어 소망을 이루기 위한 나의 노력조차도 주어진 궤도를 그대로 따라가면서 이루어진다.

이처럼 나의 소망은 내가 몸담고 살아가는 사회에서 통용되고 있는 가치를 나의 삶에 적용한 결과이다. 내가 어릴 때부터 주변 사람들과 접촉하면서 습득한 가치관이 나의 소망을 결정한다. 사회적 존재로서 나의 "자존감과 가치관은 언제나 타인에게 의존하고 있다."[112] 내가 가진 소망의 가치는 나와 함께 살아가는 타인의 암묵적 동의를 통해서 비로소 가치로서 인정받는다. 타인의 동의는 나의 소망이 추구할만한 것인지 아닌지, 내가 생각하는 만큼의 가치를 실제로 가졌는지 판단하는 일종의 심판관이다.

그런데 만약 내가 가진 소망들이 서로 충돌을 일으킨다면 어떻게 해야 하는가? 어떤 소망을 선택해야 하는가? 선택의 기준이 있는가? 예컨대 어떤 사람이 철학을 전공하겠다는 소망과 함께 그림을 그리고 싶은 소망을 동시에 가지고 있다고 해보자. 그는 어떤 소망을 선택해야 하는가? 가장 먼저 떠오르는 방법은 '당신이 선호하는 소망을 선택하라'는 것이다. 그러나 내가 어떤 소망을 더 선호하는지를 알기가 어렵다면, 어떤 소망을 선택할지를 두고 일어나는 갈등은 쉽게 해결될 수 없을 것이다.

두 가지 소망 사이에서 일어나는 이러한 갈등을 해소할 수 있으려면 각각의 소망에 대한 냉정하고 정확한 평가가 필요하다. 그러나 이러한 평가를 위해서는 제3의 소망이 존재해야 한다. 철학 공부에 대한 소망과 미술 공부에 대한 소망이 내 앞에 놓인 소망이라는 점에서 '표면적'이라면, 이들 소망에 대한 평가를 통해 한 가지 소망을 선택할 수 있게 해주는 제3의 소망은 '이면적'이다. 표면적 소망이 바깥 세계의 구체적인 대상과 관계한다면, 이면적 소망은 표면적 소망 자체와 관계한다. 동물은 표면적 소망을 가질 수 있을 뿐, 이면적 소망을 가질 수는 없다. 표면적 소망보다 더 고차원적인 소망인 이면적 소망을 가질 수 있는 것은 오직 인간뿐이다.

인간의 본질적 특성은 이러한 이면적 소망을 가질 수 있다는 것, 즉 특정 가치와 이상理想을 향한 의지의 소유에 있다.

표면적 소망들이 서로 갈등할 때 선택과 결단을 가능케 해주는 이면적 소망, 즉 이상은 다양한 형태로 나타난다. 그것은 공정과 정의일 수도 있고, 헌신과 희생일 수도 있고, 고독과 자유일 수도 있다. 어떤 이상이면적 소망에 대한 의지를 가지고 있느냐에 따라 표면적 소망의 종류는 물론이고, 소망하는 사람 자신의 정체성과 인격까지도 결정된다.

흡연하고 싶은 바람과 금연하고 싶은 바람이 표면적으로 드러나 있는 선택적 자유의 영역에 속한다면, 둘 가운데 어느 하나를 선택하게 해주는 것은 '건강'이라고 하는 상위의 가치이다. 건강한 삶의 영위라는 관점에서 볼 때, 흡연과 금연 중 어떤 것을 소망해야 할지는 분명하다. 건강한 삶의 영위라는 이상적 가치를 실현하려는 사람에게 흡연 소망의 포기는 당연하기 때문이다. 물론 흡연에서 얻는 이익도 분명히 있지만, '장기적인' 안목으로 볼 때 그 이익은 금연에서 얻는 이익에 비해 결코 크다고 할 수 없다. 그러므로 소망 간의 충돌을 해결하기 위해서는 그 소망이 일시적인 것에 불과한지, 아니면 오랜 시간을 두고 추구할만한 가치가 있는지를 판단해야 한다.

행복은 일시적인 소망들을 그때그때 충족함으로써가 아니라, 인생 전체를 내다보면서 소망에 질서를 부여하고, 서로 간의 갈등과 충돌을 조정할 때 가능해진다. 긴 안목에서 볼 때 어떤 소망이 삶에 이득인지, 어떤 소망을 다른 소망에 앞세우고 우선시할지를 결정할 수 있도록 해주는 것은, 앞에서 말했듯이, 표면적 소망의 배후에 놓인 이면적 소망이상이다. 이면적 소망에 비췄을 때 일시적이고 단편적이라고 판단되는 표면적 소망들은 과감하게 포기해야 한다. 삶에서 중요한 것은 낱낱의 개별 소망의 성취가 아니라, "소망 성취의 과정"[113] 그 자체이다. 사소하고 일시적인 소망들을 통제하는 '큰' 소망은 삶의 이상과 목표로서 기능한다. 삶의 이상과 목표, '큰' 소망을 실현하기 위해서는 신중하게 수립된 계획이 필요하고, 소망 실현을 위한 일련의 절차와 과정이 필요하다. 살아가면서 가지는 모든 소망이 전부 다 삶의 목표일 수는 없다.

또한 모든 소망이 반드시 행복의 실현으로 이어지는 것도 아니다. 소망은 행복은커녕 오히려 불행을 낳을 수도 있다. 왜냐하면 소망을 실현하지 못한 데서 오는 실망은 분명히 행복과 거리가 멀기 때문이다. 그러므로 소망이 실망 아닌 행복으로 이어질 수 있으려면, 그 소망이 소망하는 자에게 잘 이해되어야 한다. 슈템머는 이러한 소망을 '정보를 가진informiert' 소망이라고 부른다.[114] 여기서 슈템머가 말하는 '정보를 가진'이라고 하는 것은 소망하는 사람이 자기가 가진 소망의 성격과 그 실현 가능성의 조건에 대한 '정보'를 가지고 있음, 즉 잘 알고 있음을 의미한다. 따라서 한 인간이 행복해질 수 있으려면 단순히 소망을 가지는 것만으로는 부족하고, 자신이 가지고 있는 소망의 조건들에 대해 깊이 성찰하지 않으면 안 된다. 나의 소망은 어떤 가치를 가지고 있는가? 나는 왜 나의 소망을 이루고자 하는가?

물론 자신의 소망에 대해서 완벽한 정보를 가진다는 것은 불가능하다. 왜냐하면 자신이 소망하는 것이 무엇인가에 대한 경험도 없고, 그것의 충족이 기대하는 만큼 좋은 것인지에 대해서도 미리 알 수 없고, 특히 자신이 왜 그것을 소망하는지, 얼마나 소망하는지도 불분명하기 때문이다. 그러므로 어떤 삶이 '좋은' 것일 수 있으려면, 자신이 가진 소망에 대해 최대한 많은 정보를 가질 필요가 있으며, 이러한 정보 입수를 위해 자신의 소망에 대한 정보를 많이 가진 사람들의 의견을 청취할 필요가 있다.

또한 우리는 이 세상에 존재하는 그 어떤 것도 그 자체로 바람직하지 않음을 받아들여야 한다. 욕구와 무관한 그 어떤 것의 '좋음'도 그 자체로 증명될 수 없다. 소망은 특정 감정과 관계하기 때문이다. 원하는 것을 얻을 때 우리는 만족감과 기쁨 혹은 그와 비슷한 감정을 느낀다. 그러나 종종 우리는 실망감을 느끼기도 한다. 내가 어떤 것을 원했지만, 그 소망이 충족되지 못할 때, 혹은 그 충족의 정도가 내가 기대하던 것에 미치지 못할 때 실망감을 느낀다. 실망감은 내가 실제로 원한 것이 무엇인지를, 그 원함이 얼마나 강했었는지를 나에게 보여준다. 또한 실망감은 내가 무엇을 원했어야 하는지, 무엇을 원하지 않았어야 했는지를 보여주기도 한다. 우리가 어떤 것을 간절하게 원할 때, 우리는 그것의 보고 싶은 면만 보고, 보고 싶지 않은 면들은 애써 보지 않으려고 한다. 그러다가 마침내 원하던 것을 얻게 되어, 우리가 미처 보지 못했던 부분들을 어쩔 수 없이 볼 수밖에 없게 되면, 우리는 뒤늦게 실망감을 느낀다. 우리가 원했던 것이 사실은 우리가 원하지 않는 많은 것을 가지고 있음을 뒤늦게 알게 된 탓이다.

나의 소망이 이처럼 실망을 낳을 줄 알았더라면 어쩌면 나는 그것을 원하지 않았을지도 모른다. 이처럼 내가 어떤 것을 원할 것인가 원하지 않을 것인가, 그것이 원할 만한 가치를 가지고 있는가 여부는 그것에 대해 내가 가지고 있는 정보에 의존한다. 어떤 것에 대한 정보를 충분히 가지지 않은 상태에서 그것을 소망하는 것은 – 설령 그 소망이 충족되더라도 – 실망감으로 이어질 가능성이 높다. 우리가 욕구 대상에 대해 제대로 알지 못할 때, 우리의 욕구는 맹목적일 수밖에 없다. 그러므로 나의 욕구가 맹목적이지 않으려면, 그래서 소망의 충족이 실망으로 이어지지 않으려면, 욕구의 대상에 대해서뿐만 아니라, 욕구의 동기에 대해서도 잘 알아야 한다. 즉 내가 그것을 왜 욕구하는지에 대한 앎이 필요하다. "욕구의 결함은 인지적 결핍에서"[115] 나오기 때문이다.

또한 욕구의 옳고 그름을 결정짓는 척도는 그 대상에 있지 않고, 욕구의 방식에 의존한다. '정당한' 욕구는 그것을 욕구하는 사람이 왜 그것을 원하는지 잘 알고, 욕구의 대상에 대한 충분한 정보를 가지고 있는 욕구이다. 다시 말해서 '부당한' 욕구는 그런 정보가 결여된 욕구, 즉 맹목적 욕구이다. 살아가면서 우리가 반드시 욕구해야 할 어떤 것이 있다고 '독단적으로' 주장할 수는 없다. 나는 나만의 방식으로 그 무엇이든 욕구할 수 있다. 그러나 내가 무엇을 욕구하든, 나는 그것에 대해 충분한 정보를 가져야 한다. 나의 욕구가 맹목적이지 않도록 늘 신중해야 한다.

물론 내가 가진 욕구는 언제나 일정한 한계를 가질 수밖에 없다. 욕구 대상에 대해 가지는 나의 정보는 언제나 불충분할 수밖에 없다. 욕구와 관련된 '인지적 결핍'은 불가피하다. 결혼 전에 가졌던 '남편' 혹은 '아내'에 대한 정보가 아무리 많아도 결혼 후 돌이켜 보면 결혼 전의 정보는 부정확하고 불충분한 것일 수 있다. 욕구는 이처럼 언제나 어느 정도는 불분명하고 맹목적일 수밖에 없다. 그러므로 욕구가 가지는 불확실성과 거기에서 비롯되는 위험성은 결코 완전히 제거될 수 없음을 늘 기억해야 한다. 그래야 욕구의 맹목성을 막을 수 있다.

02

목표 달성과 행복

위에서 우리는 '어떻게 살아야 하는가?'에 대한 두 번째 대답을 '소망'과 '목표'라는 키워드를 통해서 살펴봤다. 그 결과 드러난 사실은, 내가 가진 소망이 추구할만한 가치가 있는지, 소망에 대한 정보가 충분한지에 대한 검토가 필요하다는 것이다. 또한 소망 성취의 전 과정이 이면적 소망, 즉 '이상'과 '목표'를 통해 잘 조율되고 통제되어야 한다는 것이다.

내가 가진 많은 소망 전부가 삶의 이상이나 목표가 될 수는 없다. 인생 전체에 걸쳐 꾸준히 추구될 만한 가치가 있는 소망만이 삶의 이상과 목표로 설정될 수 있다. 이상과 목표로서 자리 잡은 '큰' 소망은 자잘한 소망에 위계질서를 부여하고, 소망 실현의 과정 전체를 통틀어 '통제적 이념'으로서의 기능을 수행한다. 이러한 이상과 목표가 존재하지 않는다면 나의 삶은 바다를 표류하는 나뭇잎처럼 방향을 잃고 갈팡질팡할 것이다.

인생의 최종 목표가 무엇으로 설정되든 가장 중요한 것은 목표 설정의 주체가 나 자신이어야 한다는 사실이다. 나 '스스로' 목표를 설정해야 한다는 것이다. 이처럼 스스로 인생 목표를 설정할 수 있을 때 나는 비로소 진정한 의미에서 '자유로운' 존재일 수 있다. 즉 내가 자유롭다는 것은 어떤 권위나 – 전통적 관습의 권위이건 종교적 권위이건 – 자연에 의해 강제로 주어진 목표를 거부할 수 있음을 의미한다. 행복은 이처럼 자유롭게 설정한 "자신만의 고유한 목표의 실현"[116] 이외의 다른 것이 아니다. "우리 모두는 죽기 전까지 이루고 싶은 꿈을 간직하고 있다. 그 꿈과 목표를 어느 정도 성취했느냐가 삶의 질을 평가하는 잣대가 된다. 꿈을 실현하는 게 불가능해지면 실망과 좌절을 느끼게 되며, 어느 정도 이루었다고 하면 행복과 만족을 느끼게 된다."[117]

그렇다면 목표 달성은 – 목표가 무엇이 됐든 – 그 자체로 행복을 의미하는가? 그럴 리 없다. 일부러 삶의 목표를 낮게 설정해 놓고, 그것을 하루하루 달성해 나가는 것만으로 삶의 행복이 실현될 수는 없다. 목표 달성이 행복으로 이어질 수 있으려면 목표의 난이도가 적절하게 설정되어야 한다. 특히 목표 설정과 관련하여 두 가지를 고려해야 한다. 기대와 가치이다. 크든 작든 목표 달성에 대한 기대가 있어야 한다. 특히 목표 자체의 가치를 인정할 수 있어야 한다. 가치 있는 목표는 달성하기도 어렵고, 많은 시간과 노력, 수고와 고통을 요구하지만, 우리가 기꺼이 그것을 추구하는 것은, 그럴만한 가치가 있다고 믿기 때문이다.

아울러 목표 달성의 기회도 적절해야 한다. 목표 달성의 기회가 너무 드물면 노력의 지속이 힘들고, 그 기회가 너무 잦으면 목표의 가치 자체가 떨어진다. 그러므로 나의 능력에 걸맞은 목표를 설정해야 한다. 그래야 목표 달성을 위한 노력의 과정이 즐거울 수 있고, 즐거우면 더 열심히 노력할 수 있고, 그만큼 목표 달성의 기회도 커진다.

자신이 가진 능력에 비해 지나치게 높이 설정된 목표는 과도한 노력을 요구하고, 고통과 불행을 야기한다. 행복한 삶을 살고자 한다면 자신의 육체적, 심리적, 지적 능력의 한계를 자각할 필요가 있다. 자신이 가진 능력의 한계를 고려하지 않고 무작정 어려운 목표를 추구한다면, 행복한 삶의 영위는 그만큼 힘들어진다. 손재주를 타고나지 않은 사람이 공예장인으로 성공하겠다는 목표를 세운다거나, 두 발로 걷기조차 힘들어 하는 사람이 육상경기에 출전하겠다는 식의 비현실적인 목표를 세워서는 곤란하다.

일찍이 아리스토텔레스는 인간의 행위를 포이에시스poiesis와 프락시스praxis로 나눈 바 있다. 포이에시스는 행위의 목표가 '밖에' 있는 행위, 예컨대 한 척의 배를 만드는 것과 같은 기술적 제작행위를 말한다. 프락시스는 행위의 목표가 '안에' 있는 행위를 말한다. 이처럼 행위의 목표가 밖이 아니라, 안에 있는 행위를 일컬어 아리스토텔레스는 '자기 목적적' 행위라고 한다. 자기 목적적 행위의 전형은 이론적 사유 행위와 도덕적 실천 행위이다.

아리스토텔레스가 말한 자기 목적적 행위는 오늘날 주로 여가 활동의 영역에서 나타나고 있다. 취미활동으로 그림을 그린다거나 음악을 듣는다거나 운동을 하는 사람들이 특별히 어떤 목표를 달성하기 위한 노력을 하는 것은 아니기 때문이다. 그러나 자세히 들여다보면 취미활동의 목적이 반드시 '안에'만 들어있는 것은 아님을 알 수 있다. 예컨대 취미로 하는 달리기는 '건강'이라는 목표를 달성하기 위한 것이다. 취미로 하는 피아노도 좋아하는 연주자의 연주 수준에 조금이라도 다가가려는 소망, 혹은 가족과 지인들 앞에서 작은 연주회를 열고 싶다는 '외적' 목표를 가질 수 있다. 즉 순수하게 자기 목적적인 것처럼 보이는 행위도 자세히 보면 어떤 식으로든

'외적' 목표와 연결되어 있다.

이렇게 보자면 자기 목적적 행위와 외적 목표를 지향하는 행위는 상호 대립적인 관계가 아니다. 왜냐하면 외적 목표가 전혀 존재하지 않는 행위, 순수하게 자기 목적적이기만 한 행위란 가능할 수 없기 때문이다. 게다가 외적인 목표가 전제된다고 해서 자기 목적적 행위가 반드시 수단화되는 것도 아니다. 예컨대 지금 한 권의 책을 쓰고 있는 나의 행위는 아리스토텔레스적 관점에서 볼 때 고도의 이론적 사유가 요구되는 자기 목적적 활동이지만, 나의 이 행위는 동시에 '탈고'와 '교재 출판'이라는 외적인 목표를 지향하고 있다. 이처럼 자기 목적적 행위와 외적 목표는 둘이 아니라 하나의 통일체로 존재한다.

"이렇게 우리는 한 권의 책을 쓰고자 하는 소망을 가질 수 있다. 왜냐하면 탈고라는 목표를 염두에 두고 있음에도 불구하고, 우리는 책 쓰는 활동 자체를 높이 평가하기 때문이다. 거꾸로 우리가 책의 탈고를 높이 평가할 수 있는 것은, 그것이 저술이라는 자기 목적적 활동의 산물이기 때문이다. 결국 우리가 진실로 바라는 것은, 어떤 목표를 향해 나아가는 활동 그 자체이다."[118]

자기 목적과 외적 목적의 이러한 착종 현상은 많은 행위에서 발견된다. 우리가 어떤 일을 하는 것은 '돈벌이'라는 외적 목적을 위한 것이다. 하지만 '돈'이라는 목적을 통해서만 나의 일이 의미를 갖게 되지는 않는다. 왜냐하면 일을 계속하다 보면 일 자체에서 의미와 재미를 발견할 수 있기 때문이다. 예컨대 한 명의 외과의는 인명구조라는 외적 목표를 위해 길고도 힘든 수련의 과정을 통해 뛰어난 수술 능력을 갖춰야 한다. 그러나 이처럼 어렵고 힘든 수술이 단순히 인명구조라는 목표를 달성하기 위한 수단으로 그치지 않고, 의사 자신에게 큰 희열을 주고, 그 자체로 행복한 경험일 수 있다.

이처럼 어떤 행위의 지향 목표가 안과 밖에 동시에 존재할 수 있듯이, 행위의 동기도 여러 개가 동시에 작용할 수 있다. 다시 책을 쓰는 행위의 예시로 돌아가 보자. 첫째, 우리는 저술 활동 자체를 사랑할 수 있다. 왜냐하면 어떤 주제를 가지고 책을 쓰면서 자기의 생각을 명료하게 정리할 수 있기 때문이다.(저술 활동의 내적 목표) 둘째, 저술하는 사람은 출간을 분명한 목표로 삼아 책을 쓴다. 저술 활동의 가시적 성과로서 한 권의 책을 써서 출간하겠다는 분명한 동기와 일정 기간 안에 출간하겠다는 분명한 목표를 가지지 않은 상태에서는 탈고가 자꾸 지연되기 쉽다.(저술 활동의 외적 목표) 셋째, 우리는 이러한 목표들의 달성을 위해 책을 쓰는 과정에서 이미 충분한 행복을 느낄 수 있다.(저술 활동의 과정 자체) 설사 출간이라는 목표가 달성되지 않더라도 저술 활동의 과정에서 쌓인 지식과 사고의 명료화, 저술 활동이 주는 연구의 즐거움과 행복감은 그 자체로 의미와 가치를 가진다.

물론 목표의 추구와 달성이 행복과는 거리가 멀다는 주장도 있다. 예컨대 쇼펜하우어Arthur Schopenhauer는 끊임없이 목표를 추구하는 인간은 결코 행복할 수 없다고 단언한다. 왜냐하면 목표 추구의 방식으로 행복을 좇는 사람은, 충족되지 못한 소망에서 비롯된 고통과, 소망의 성취 이후에 어김없이 출현하는 공허와 권태 사이에서 갈팡질팡할 수밖에 없기 때문이다. "소망은 그 본성에 따르면 고통이다. 즉 성취는 금세 포만을 낳는다. 목표는 겉보기에만 그럴 뿐이다. 소유는 매력을 앗아가고, 새로운 형태로 소망과 욕구가 다시 나타난다. 그렇지 않으면 황량함, 공허, 무료함이 뒤따르고, 이에 대한 투쟁은 곤궁에 대한 투쟁과 마찬가지로 너무나 고통스럽다."[119]

그러므로 셀Martin Seel은 인생이 어떤 목표나 계획에 포획당하지 않도록 조심하라고 조언한다. 인생의 지향 목표로부터 일정 거리를 두고, "자신의 소망으로부터 자유로워질"[120] 때 비로소 행복한 삶이 가능해진다는 것이다. 셸의 이러한 조언이 상당한 설득력을 가지고 있음은 분명하다. 목표에 대한 지나친 집착은 오히려 목표 달성을 어렵게 할 뿐만 아니라, - 쇼펜하우어가 경고한 대로 - 목표 달성 후의 허탈함과 우울로 이어질 수 있기 때문이다. 예컨대 브론스키는 안나 카레니나와의 사랑이라는 목표에 도달한 다음 그런 감정을 느낀다. 말하자면 브론스키가 도달한 행복은 역설적이게도 그 이후에 펼쳐진 불행의 서막에 불과했다.

"한편 브론스키는 그가 그토록 오랜 시간 동안 간절히 바랐던 것이 완전히 이루어졌음에도 완벽한 행복을 느끼지 못했다. 욕망의 실현은 그가 기대했던 행복이라는 산에서 겨우 모래 한 알을 주운 것에 지나지 않다고 생각했다. 결국 욕망을 실현하는 것이 행복이라고 믿는 사람들이 저지르는 영원불변의 실수라고 생각했다. 그녀와 함께 지내며 평복을 입게 된 후 처음 얼마 동안, 그는 이전에 몰랐던 자유의 매력을 대부분 맛보았고 사랑의 자유가 가진 매력도 느꼈다. 그는 만족해했다. 그러나 그것은 오래가지 않았다. 그는 곧 자신의 마음속에서 욕망을 바라는 욕망, 즉 고뇌가 조용히 꿈틀거리는 것을 느꼈다."[121]

브론스키를 통해 톨스토이가 말하고자 한 것은 무엇일까? 아마도 그것은 행복이 욕망의 실현을 통해 가능하다고 믿는 사람들에게 경종을 울려주고자 한 것은 아닐까? 행복과 욕망의 실현을 동일시하는 사람들은, 자신의 욕망이 채워지지 못할까 봐 늘 걱정할 수밖에 없다. 그러나 어떤 욕망의 실현도 완벽하게 이루어질 수는 없기에, 욕망의 실현을 행복의 척도로 삼는 사람에게 행복은 결코 허용될 수 없는 것이다.

그러나 목표 달성이라는 결과에만 집착하는 대신, 목표를 향해 나아가는 과정 자체를 삶의 목표로 삼는다면 목표 달성 후에 찾아올 허탈함과 우울의 위험을 미리 막을 수 있을 것이다. 겉에서 보기에는 단조롭기 짝이 없고, 목표 달성이 요원해 보이는 일, 남들의 눈에는 사소하고 하찮아 보이는 일을 하면서도 얼마든지 행복을 느낄 수 있다. 이런 일이 가능한 것은 그 일이 가져올 결과에만 의미를 두지 않고, 자기의 일에 집중할 때, 그 일은 놀이의 성격을 띠게 되고, 이처럼 "노동이 하나의 게임과 본질적으로 같아질수록"[122] 그 일은 더욱 즐거운 것이 된다. 이렇게 자기의 일이 놀이의 성격을 갖게 되면, 자기 목적적 행위와 외적 목표 사이의 구별은 무의미해진다. 말하자면 행복한 삶을 영위하기 위해서는 두 가지 중 어느 하나가 아니라 둘 다 필요하다. "좋은 삶에는 두 가지가 필요하다. 하나는 자기 목적적 행위 내에서 이루어지는 삶의 영위이고 다른 하나는 적절하게 설정된 목표의 달성이다. (...) 자기 목적적 행위와 목표지향적 행위는 서로 떼려야 뗄 수 없을 만큼 서로 연결되어 있다."[123]

03

인생 설계와 삶의 의미

목표가 한 사람의 인생에서 중요한 역할을 한다는 것은 의심의 여지가 없다. 삶의 목표는 단기적일 수도 있고, 장기적일 수도 있다. 단기 목표의 달성과 달리 장기 목표는 도달하기까지 많은 시간과 노력이 필요하다. 많은 시간이 들어가는 장기 목표일수록 실현 가능성은 그만큼 떨어지게 마련이다. 단기 목표에 비해 장기 목표는 예측하기 힘든 변수들이 너무 많기 때문이다. 스무 살 먹은 한 젊은이가 10년 후 결혼, 20년 후 박사학위 취득, 30년 후 교수 임용이라는 목표를 세웠다고 치자. 이 젊은이는 목표 달성을 위한 오랜 노력의 과정에서 많은 고통을 겪게 되고, 목표 달성의 실패로 쓰디쓴 좌절을 맛보게 되고, 달성하지 못한 목표에 대한 집착이 지난날의 목표 설정에 대한 후회를 낳을 수도 있다. 장기 목표가 행복한 삶에 도움을 주기는커녕 오히려 행복의 걸림돌로 작용할 수 있다.

그러나 이러한 위험성에도 불구하고 장기 목표가 삶에 대해서 가지는 의미는 매우 크다. 인생의 장기 목표는 밤하늘의 북극성처럼 삶 전체가 방향을 잃지 않고 앞으로 나아갈 수 있도록 이끌어 준다. 물론 모든 장기 목표가 이러한 통제적 기능을 가지는 것은 아니다. 예컨대 학교 친구와 졸업식 날 30년 후에 만나기로 약속했다고 해서 그것이 이후의 삶 전체를 통제하는 궁극목표일 수 없다. 이 '목표'는 그 이후에 전개되는 나의 삶에 사실상 아무런 영향도 끼치지 않는다. 언제 그런 약속을 했는지조차 까마득하게 잊고 살 가능성이 크다.

그러나 10년 후 결혼, 20년 후 박사학위 취득, 30년 후 교수 임용과 같은 장기 목표는 향후 나의 삶 전체에 대해 강력한 통제적 기능을 발휘한다. 이런 목표는 수립된 순간부터 자기의 삶 전체를 일정한 방식으로 규제하고, 내가 '어떻게 살아야 하는가?'의 문제와 관련하여 강력한 힘을 행사한다. 내가 해야 할 일과 해서는 안 될 일을 결정하도록 도와준다. 박사학위 취득을 위해서는 오랜 시간의 학업은 물론이고 학문 분야에 따라서 오랜 해외 유학이 필요할 수도 있다. 그 밖에도 무수히 많은 세부계획과 세부 목표들을 세우고 차근차근 달성해 나가야 한다. 이처럼 장기 목표는 한 사람의 삶 전체를 관통해서 오랜 시간 영향을 끼치는 '인생 목표'이며, 우리는 이러한 여러 가지 크고 작은 인생 목표들을 설정함으로써 인생을 '설계'한다.

어떤 인생 목표가 좋은가 하는 것은 인생 설계가 얼마나 합리적으로 이루어졌는가에 달려 있다. 인생 설계는 서로 긴밀한 관계를 맺고 있는 여러 가지 세부 계획들이 모여서 이루어진다. 학업을 마친 다음 결혼해서 가정을 꾸리고, 자녀를 낳아 기르고, 학교에 보내고, 결혼시키고, 퇴직 후에는 여가를 즐기고 등등 인생 설계의 세부 계획은 시간적 순서로 보나 서열로 보나 서로 촘촘하게 연결되어 있다. 인생의 장기 목표는 이러한 세부 계획의 정점에서 강력한 통제 기능을 발휘한다. 장기 목표가 일반적이고 무규정적인 것은 환경의 변화 가능성에 열려 있기 위해서이다. 예컨대 어떤 특정 직업을 목표로 하기보다는 어떤 어려움이 있어도 평생 '철학을 하겠다' 혹은 '음악을 하겠다' 혹은 '그림을 그리겠다' 식으로 확고부동한 인생 목표를 세울 수 있다. 시간의 경과, 처한 환경의 변화에 따라 세부 계획은 다르게 나타날 수 있지만, 철학과 음악과 그림과 함께 하는 삶이라는 근본 목표는 죽을 때까지 유지된다. 철학하는 삶, 음악하는 삶, 그림 그리는 삶을 살겠다는 삶 전체를 관통하는 장기 목표, 즉 '인생 설계'는 모든 구체적인 계획과 단기 목표에 크고 작은 영향을 끼치게 마련이다.

인생 설계는 삶의 다양한 세부 계획을 통제하고 연결하는 기능을 수행한다. 이러한 인생 설계는 행복한 삶의 영위를 위해서 반드시 필요하다. 왜냐하면 이러한 인생 설계는 삶을 '전체로서' 조망할 수 있도록 해주고, 자유로운 주체로서 살아갈 수 있도록 해주기 때문이다. 오랜 시간에 걸쳐 여러 가지 삶의 목표들을 흔들림 없이 지속적으로 추구할 수 있다는 것은, 삶의 다양한 가능성을 스스로 선택하고, 결정하고, 통제할 수 있음을 의미한다. 살아가다 보면 자신의 계획에서 벗어난 돌발 상황이 벌어지고, 목표 달성을 방해하는 많은 걸림돌이 출현하지만, 확고한 인생 설계는 이러한 변수와 장애에 맞서서 자신의 장기적인 인생 목표를 향해 끊임없이 나아갈 수 있도록 해준다. 알베르 카뮈Albert Camus는 이런 사람을 두고 '자유의 노예'가 되어 자신의 고유한 삶을 살아간다고 한다.

"자기 인생에 어떤 목표를 상정함으로써 그는[부조리의 인간] 달성하고자 하는 목표의 요청에 순응했고 그리하여 스스로 자유의 노예가 되었다. (...) 보다 분명하게 말하면, 나의 미래에 대하여 희망을 가짐으로써, 나 자신만의 진리가 존재하고 창조하는 방식에 깊은 관심을 기울임으로써, 그리고 끝으로 나의 삶에 질서를 부여하고 그리하여 삶에 의미가 있다는 것을 시인하고 입증함으로써, 나는 스스로에게 온갖 울타리를 만들어놓고 그 속에다가 나의 삶을 가두게 되는 것이다."[124]

카뮈는 인간이 자유로운 존재임을 확신한다. 인간은 자신이 원하는 목표를 달성하기 위해서라면 기꺼이 다른 목표를 포기한다. 예컨대 나는 내가 원하는 철학하는 삶의 방식을 선택하기 위하여 다른 방식의 삶을 기꺼이 포기할 수 있다. 이런 의미에서 나는 선택의 자유와 행위의 자유를 가지고 있다. 나의 이러한 자유가 잡다한 행위 가능성들 사이를 오락가락하면서 헤매지 않을 수 있도록 하는 것은 인생 설계 혹은 삶의 이상 덕분이다. 나의 모든 선택과 결단이 안정적이고 확신에 찰 수 있는 것은 내가 설정한 삶의 이상이 멀리에서 통제적 기능을 발휘하고 있기 때문이다.

인생의 장기 목표 혹은 삶의 이상에 의한 통제가 원활하고 순조롭게 잘 이루어질 때 우리는 '삶의 의미'에 대해 말할 수 있게 된다. 삶의 순간들이 서로 유기적인 관계를 맺고, 일관성과 통일성을 갖춘 한 편의 '서사'가 될 때, 더 큰 의미와 가치를 획득할 수 있게 된다. 하나의 인생 설계 하에서 가치 있는 목표와 높은 이상을 향해 흔들림 없이 나아가는 삶을 의미 있는 삶으로 평가하는 것은 '인간의 사명'을 강조한 계몽주의 전통 이후 20세기의 실존주의자들에 이르기까지 유구한 전통을 자랑한다. 의미 있는 삶이란 "보람 있고 가치 있는 계획을 실현하기 위해 분투하는 삶"[125]을 말한다. 자기의 삶을 어떤 가치와 관련지어 긍정적으로 바라보는 사람은 그것을 의미 있는 삶으로 평가하게 된다. 행복한 삶은 이러한 '의미 있는 삶' 이외의 다른 것이 아니다.

의미있는 삶은 일관성, 즉 '맥락'을 가져야 한다. "서로 의미 있게 연결되지 않은 활동에서 단편적인 즐거움만 얻는다면 여전히 예기치 못한 혼란에 빠지기 쉽다."[126] 그러므로 삶의 목표와 계획들이 하나로 연결되도록 하는 것은 의미 획득과 관련하여 매우 중요한 의미를 가진다. "만일 어떤 사람이 어려운 목표를 달성하고자 계획을 세우고, 이 주된 목표에 따라서 세부 목표를 설정해나가고, 자신의 모든 에너지를 목표 달성을 위해 필요한 기술 개발에 투자한다면, 그의 행동과 감정이 조화를 이루어 흩어진 경험의 조각들이 하나로 통합될 것이다. 또한 그가 하는 활동 하나하나가 과거와 미래의 관점에서는 물론이고 현재에서도 충분한 의미를 갖게 될 것이다. 이렇게 될 때 그 사람의 전 생애가 의미 있는 것이 될 수 있다."[127]

그러나 칙센트미하이Mihaly Csikszentmihalyi의 이러한 주장 안에 담긴 위험성을 기억해둘 필요가 있다. 삶의 모든 개별 목표들을 하나의 목표 아래 두는 것은 인간을 시스템의 제물로 전락시킬 수 있기 때문이다. 특히 정치권력이나 물질적 풍요의 획득과 같은 것이 인생 전체의 목표로 자리 잡지 않도록 조심해야 한다. 그 대상이 무엇이든 맹목적 추종자가 되지 않도록 조심해야 한다. 물론 칙센트미하이는 개별 목표들 사이에 위계질서를 부여함으로써 이런 위험성을 제거할 수 있다고 주장하지만, 이러한 위계질서 부여가 오히려 위험을 초래할 수 있다. 왜냐하면 삶의 다양한 가능성 사이에 존재하는 갈등과 모순을 억지로 제거하고 통일성을 부여하는 것처럼 삶의 의미 획득에 해로운 것도 없기 때문이다. 그러므로 어떤 목표를 실현하기 위해서 다른 목표들을 일방적으로 희생시키기보다는, 오히려 그들 사이에 균형을 잡기 위해 노력하는 것이 더 중요하다는 사실을 기억할 필요가 있다. 삶의 의미가 삶의 목표들, 특히 인생의 궁극적인 목표를 달성함으로써 획득된다고 믿는 사람은 목표 달성이 오히려 허탈감을 유발하고, 이 허탈감이 삶의 의미 상실로 이어질 수 있음을 간과하고 있다.[128] 목표 달성에 '성공한' 삶과 행복한 삶을 동일시 하는 사람은 특히 이러한 지적과 경고를 귀담아들을 필요가 있다.

그렇다면 어떤 목표를 설정하고 그 목표를 달성하기 위해 노력했음에도 불구하고 끝내 성공하지 못한 삶은 행복한 삶일까 불행한 삶일까? 목표 달성에 실패한 삶보다 성공한 삶이 더 행복할 가능성이 높음은 부인할 수 없다. 그러나 어떤 목표를 추구하는 과정 자체가 – 목표 달성 여부와 상관없이 – 행복을 의미할 수도 있음을 기억해야 한다. 어떤 목표를 추구하는 과정이 반드시 행복이라는 목표에 도달하기 위한 수단일 필요는 없다. 오히려 목표를 추구하는 과정, 목표를 향해 나아가는 길 자체가 삶의 목표이고, 그 자체가 행복이고, 삶의 의미일 수 있다. 예컨대 자신만의 멋진 정원을 소유하고 싶어 하는 사람이 있다고 치자. 과연 그가 실제로 정원 소유라는 목표를 달성하고 나서 셀Martin Seel의 주장처럼 반드시 허탈감을 느끼게 될까? 오히려 자기만의 정원을 가지고, 이런저런 실패를 경험하며 식물을 가꾸는 과정에서 행복을 느끼게 되지 않을까? 정원 가꾸기 자체가 유의미한 활동인 것처럼 인생살이도 – 목표 달성의 성공 여부와 상관없이 – 그 자체로 의미

있는 게 아닐까?

인생의 큰 계획을 세우고, 그 계획을 실현하기 위한 세부 목표를 설정하고, 그것을 하나씩 추구하면서 사는 삶은 길을 잃고 헤매지 않을 수 있다는 장점을 가진다. 그러나 이러한 삶이 누가 미리 짜놓은 각본에 따라 사는 것처럼 흘러간다면 곤란하다. 설사 각본을 쓴 사람이 자기 자신이라 해도 그렇다. 그러므로 삶의 목표를 달성하는 것이 삶에 의미를 부여하고, 행복을 느낄 수 있도록 하는 것은 분명하지만, 그 반대의 경우, 즉 삶의 목표 달성에 성공하지 못한 삶이라고 해서 반드시 불행하다고만 말할 수 없다. 왜냐하면 목표 달성의 실패가 목표를 향해 나아가고자 노력했던 과정 전체를 무가치한 것으로 만들 수 없고, 그래서도 안 되기 때문이다.

물론 삶의 목표 달성에 실패하지 않고, 성공하는 삶이 실패로 점철된 삶보다 더 유익하고 바람직할 것이다. 그렇다면 인생의 목표 달성에 실패하지 않고 '성공적으로' 살기 위해서는 무엇이 필요할까? 성공적인 삶의 조건으로 두 가지를 생각해 볼 수 있다. 하나는 '개방성'이다. 인간을 둘러싸고 있는 환경, 심지어 인간 자신도 수시로 변화하기 때문에, 자기의 "경험과 수정 가능성에 대해 개방적"[129]일 필요가 있다. 특히 나와 가까운 사람들의 비판적 의견에 대해 열려 있는 태도를 가져야 한다. 그들은 나의 능력과 내가 처해있는 상황에 대해, 내가 나를 바라보는 입장과 다른 입장에서 보다 객관적으로 바라볼 수 있기에, 그들의 냉정한 조언을 귀담아들을 필요가 있다. 그들의 조언을 통해 내가 설정한 목표의 높이가 적절한 것인지 냉정하게 가늠해 봐야 한다. 자기의 생각과 관점만 고집하는 사람은, 잘못 설정된 목표를 변경하고, 목표 달성을 위한 계획을 바로잡을 시기를 놓치기 쉽다.

성공적인 삶을 위한 두 번째 조건은 자기가 추구하던 목표에 대한 '새로운 해석과 변경'이다. 전도유망한 피아니스트가 갑자기 손가락을 못 움직이게 되었다고 가정해보자. 피아니스트에게 이런 일이 일어난다는 것은 하늘이 무너져 내리는 것과도 같은 충격일 테고, 어떤 새로운 전망도 안 보이기에 즉시 절망에 빠지게 될 것이다. 실제로 슈만Robert Schumann이나 플라이셔Leon Fleisher와 같은 피아니스트들은 이런 일을 겪었다.[130] 그러나 두 사람은 삶의 목표를 유연하게 수정함으로써 난관을 극복하는 데 성공했다. 슈만은 작곡가가 되었고, 플라이셔는 지휘자가 되었다. 두 사람은 피아노 연주라는 삶의 목표를 음악 자체에 대한 관심이라는 보다 큰 목표로 확장함으로써 위기를 극복하는 데 성공했다. 삶의 의미를 피아노 연주라는 좁은 영역에 두지 않고, '음악 활동'이라는 보다 포괄적인 영역에 둠으로써 새로운 인생을 성공적으로 살아갈 수 있게 된 것이다. 하나의 '쇼'가 끝났다고 해서 인생 자체가 막을 내릴 필요는 없다. 마음먹기에 따라서 얼마든지 새로운 '쇼'를 시작할 수 있기 때문이다.[131]

04

자기실현

'자기실현'이라는 말이 현대인의 삶에서 중요한 키워드로 자리 잡은 지는 오래되었다. 오늘날 '자기실현'은 심리학자들이 행복한 삶에 이르는 길로서 가장 먼저 손꼽는 말 가운데 하나이다. 철학자들도 크게 다르지 않다. 예컨대 회페Otfried Höffe는 행복한 삶의 궁극목표로서의 행복은 "자신의 소망과 관심의 실현, 즉 자신이 가진 가능성을 현실화하는 것"[132]이라고 말한다. "행복은 넓은 의미의 자기실현과 불가분의 관계를 맺고 있다"[133]는 것이다. 크래머Hans Krämer 역시 인간의 행복한 삶은 자기실현을 통해 이루어진다고 생각한다. 나와 세계의 관계가 어떻게 설정되느냐에 따라 행복과 불행이 결정된다는 것이다. "행복한 삶 혹은 불행한 삶은 자기와 세계의 관계를 통해 이루어진다. 쾌락과 고통의 감정도 이 관계 안에서 결정된다."[134]

'자기실현'이라는 말이 학문적 용어로 사용되기 시작한 것은 독일관념론에 의해서였다. 하지만 이 용어의 대중화에 크게 기여한 것은 인본주의 심리학이다. 인본주의 심리학은 인간을 본능적 욕구 충족의 메커니즘 안에서 이해하려고 했던 정신분석학, 인간을 자극과 반응의 틀 안에 가두려고 했던 행동주의 심리학과는 달리 인간을 목적 지향적 주체로서 파악한다. 인본주의 심리학의 관점에서 볼 때, 인간은 스스로 설정한 목적을 실현하고자 노력하는 과정을 통해서 인격적으로 성숙해가는 존재다. 미숙한 상태를 극복하고 좀 더 나은 존재로 '스스로' 성장해 나간다는 점에서 인간과 동물은 근본적으로 다르다. 행복한 삶은 이러한 인간적 성숙, 즉 자기실현을 통해 가능해진다.

이런 의미에서 인본주의 심리학을 대표하는 프롬Erich Fromm은 강조한다. "행복은 인간의 내적인 생산력이 만들어 내는 성취이지, 신의 선물이 아니다. 행복과 환희는 생리적인 결핍이나 심리적인 결핍에서 비롯되는 욕구의 충족이 아니다. 행복과 환희는 긴장으로부터의 해방이 아니라, 생각과 감정과 행위 등에서 행해지는 생산적인 활동에 수반되는 것이다."[135] 행복은 인간이 자신의 실존적 문제에 대한 해답을 찾아낼 때 찾아오는 '선물'이며, 자신의 가능성들을 실현하기 위한 노력이 성공을 거두었다는 '증거'이다. "행복은 인간이 인간의 존재 조건에 대한 해답을 찾아냈다는 증거라 할 수 있다. 즉 인간에게 내재된 잠재력을 생산적으로 실현하고, 세상과 하나가 되면서도 온전한 자아를 보존하는 방법을 알아냈다는 뜻이다."[136]

고대 철학자들이 행복과 탁월성arete을 동일시할 수 있었던 것은 결코 우연이 아니다. 프롬과 같은 인본주의 심리학자의 입장에서도 행복은 각자 가진 가능성 혹은 재능의 탁월한 실현과 불가분의 관계를 맺고 있다. "행복은 삶의 기술에서 탁월함을 증명하는 기준이며, 인본주의적 윤리에서 행복이 갖는 의미로 보면 미덕[탁월성]의 기준이다."[137]

그러나 여기서 우리는 '철학적으로' 묻지 않을 수 없다. 자기를 실현한다는 것은 도대체 무엇을 의미하는가? 실현되는 '자기'는 누구이며, 이 자기가 '실현'된다는 것은 무엇을 의미하는가? 자기실현은 단순히 각자에게 주어진 '재능들'을 꽃피우는 것을 말하는가? 그렇다면 어떤 재능을 실현할 때 자아가 실현되는 것인가?

우선 거워스Alan Gewirth에 의하면 자기실현은 자기성취Self fulfillment를 의미한다. "자기성취는 자신의 가장 깊은 욕구와 자신의 가장 가치 있는 역량의 실현이다. 자기성취는 자아의 풍요로운 완성이고, 자기의 내면에 들어있는 가장 강력한 것, 가장 좋은 것의 발양이다. 자기성취는 자신의 소망과 잠재력을 최대한 끌어올린다. 이렇게 자기성취는 좋은 삶을 가능하게 하고, 삶에 대한 깊은 만족을 주고, 삶을 유익하고 가치 있는 것으로 만들어 준다."[138] 이처럼 인본주의 심리학자들은 자기실현을 행복한 삶의 가장 중요한 조건으로 이해한다. 이들에게 자기실현은 인간이 지닌 잠재력을 최대한 계발하고 현실화하는 것과 같은 뜻을 가진다. 인간이 태어나면서부터 가지는 선천적 욕구들과 소질 및 재능을 발견하여, 주변 세계와의 대결을 통해서 실현해 나갈 때 자기실현이 이루어진다는 것이다. '자아'란 자연이 인간에게 부여한 능력과 소질의 총체로서, 아직 개발되지 않은 황무지처럼 우리의 내면에 휴면상태로 있다. 이렇게 잠들어 있는 자아를 흔들어 깨우지 않고는 어떤 삶도 행복할 수 없다. 자기실현이 이루어지지 않은 행복이란 결코 있을 수 없다.

인본주의 심리학자들이 주장하는 이러한 자기실현 모델의 원조는 철학자 아리스토텔레스이다. 왜냐하면 아리스토텔레스는 잠재태와 현실태의 모델을 철학사상 최초로 제시했을 뿐만 아니라, 잠재된 능력의 계발을 통한 탁월성과 행복의 관계를 누구보다 명료하게 통찰했기 때문이다. 그런데 아리스토텔레스가 이처럼 행복의 조건으로서 '잠재력'의 계발을 강조한 이래 철학에서 늘 문제가 된 것은, 도대체 어떤 능력의 계발이 중요하냐였다. 즉 어떤 능력의 계발이 행복한 삶의 영위에 도움을 주는가? 어떤 능력이 행복한 삶의 실현과 관련하여 '좋은' 능력인가? 이런 물음이 철학 안에서 본격적으로 제기되기 시작한 것이다.

이 물음은 고대 그리스 철학에서 사물의 고유한 '기능' 혹은 '일'을 의미하는 에르곤ergon에 대한 물음으로 나타났다. 눈과 귀, 손과 발, 대장장이와 목수, 혹은 화가와 피아니스트가 특정 능력을 가지듯, 인간 '자체'도 특정 능력을 가지는가? 그렇다면 그것은 무엇인가? 아리스토텔레스는 그 능력을 다름 아닌 사유 능력, 즉 이성에서 찾았다. 그러므로 인간의 자기실현을 위해서는 철학, 수학, 물리학과 같은 이론학문이 중요하다. 그러나 아리스토텔레스는 이러한 이론적 사유 능력의 계발만으로 행복한 삶이 실현될 수 있다고는 보지 않았다. 이론적 사유의 능력과 함께 실천적 행위 능력도 계발되어야만 한다. 다시 말해서 행복한 삶의 영위와 관련하여 특히 중요한 것은 '윤리적' 행위 능력이다. 이론적 사유 능력이론이성과 실천적 행위 능력실천이성, 윤리적 판단의 조화 없이 자기실현은 불가능하고, 따라서 행복한 삶의 영위도 불가능하다.

아리스토텔레스의 관점에서 볼 때 행복한 삶의 영위를 위해서 인간이 가지고 있는 능력과 소질 전부를 계발할 필요는 없다. 그럴 수도 없고, 그럴 필요도 없다. 아리스토텔레스는 수학, 물리학, 생물학과 같은 이론적 학문과 윤리학, 정치학, 경제학 같은 실천적 학문을 구분한다. 인간에 의해 영향을 받지 않는 자연 혹은 수학적 대상은 삶의 실천적 문제와 다르기 때문이다. 즉 이론적 탐구 영역과 실천적 학문의 영역은 전혀 다르다. 인간의 행위방식과 제도와 태도 문제는 단순히 이론적 관찰의 대상이 아니라, 실천적 성찰과 선택과 행위와 관계하는 것이다.

사과 씨가 사과나무로 성장하고, 배아가 인간으로 성장하는 생물학적 도식은 실천적 학문 영역에 그대로 적용될 수 없다. 오히려 행복한 삶의 영위를 위해서는 다양한 능력과 소질을 평가해야만 한다. 또한 그 평가를 거쳐 선택된 잠재력에 대한 신중한 계발과 지도가 필요하고, 이러한 계발과 지도를 통해 견실하게 유지되는 태도의 습득이 가능해야 한다. 즉 탁월성덕의 단계에 도달할 수 있어야 한다. 그러므로 아리스토텔레스는 잠재태와 현실태 사이에 훈련hexis을 통한 습관 형성이 매우 중요한 역할을 수행한다고 본다.

행복한 삶에 대한 아리스토텔레스의 이러한 생각, 즉 인간만이 지닌 고유한 능력을 최대한 실현하는 것이 행복한 삶이라는 생각이 후대에 엄청난 영향을 끼쳤음은 의심의 여지가 없다. 고대와 중세의 개인윤리는 아리스토텔레스가 제시한 이러한 자기실현으로서의 행복한 삶의 모델을 다양하게 변형시킨 결과에 불과했다. 20세기에 들어서면서 시작된 행복한 삶의 문제에 대한 새로운 철학적 관심도 이러한 흐름의 연장선에 놓여 있다고 해도 과언이 아니다.

물론 아리스토텔레스가 제안한 방식의 자기실현, 즉 이론적 차원의 자기실현과 실천적 차원의 자기실현만 존재하는 것은 아니다. 다른 형태의 자기실현도 있다. 전통적으로 가장 흔히 볼 수 있는 것은 종교적 차원에서의 자기실현신에 대한 믿음과 헌신을 통한 자기실현과 전쟁터에서의 자기실현전쟁 영웅으로서의 자기희생이다. 현대로 넘어오면서 자기실현의 가능성은 더욱 다양해진다. 오늘날 사람들은 고통받는 이들을 위해 봉사하는 의사와 간호사의 자기실현, 각급 학교에서 교육에 매진하는 교사의 자기실현에 대해 말한다. 그 밖에도 자연과 사회에 대한 탐구에 매진하는 많은 과학자와 기술자들의 자기실현, 경제와 경영 분야에서 일하는 전문가들의 자기실현, 예술가와 체육인들의 자기실현에 대해서도 말한다.

이렇듯 고대에서 중세와 근대를 거쳐 현대로 접어들면서 자기실현의 의미와 방식에는 큰 변화가 찾아온다. 아울러 시대 상황의 변화와 함께 행복한 삶의 의미와 방식에 대한 사람들의 생각도 크게 달라진다. 무엇보다 큰 변화는 행복한 삶의 영위를 위한 단 하나의 방식, 모든 사람에게 일률적으로 적용되는 보편적 '삶의 기술'이 존재한다는 믿음이 크게 약화 되었다는 사실이다. 인간이라면 누구나 가지고 있고, 누구나 그 가치를 객관적으로 인정하는 능력을 최대한 계발하고 탁월성의 단계로까지 끌어올릴 때 행복한 삶의 실현이 가능하다는 생각은 퇴조하고, 각자 자신의 주관적이고 개인적인 소질과 재능을 찾아내어 자유롭게 실현하는 것이 가장 중요하다는 생각이 전면에 등장하게 되었다.

인간의 보편적 능력, 즉 이성적 사유 능력과 도덕적 실천 능력의 계발과 실현의 자리에 각 개인의 특수하고 다양한 능력의 실현에 대한 꿈, 이른바 "자기실현의 이데올로기"[139]가 대신 자리 잡게 된다. 모든 존재자에게는 고유의 일과 기능ergon

이 부여되어 있고, 행복한 삶은 이런 기능의 탁월한 계발을 통해 도달 가능하다는 고대적 믿음이 파괴된 것이다. 이제 자기실현은 더 이상 보편적 이념의 실현이 아니라, 개별자의 특수한 가능성의 실현을 의미하게 된다. 즉 각 개인이 가진 다양한 이상과 꿈의 실현이 자기실현을 의미하게 된다. 거위스의 표현을 빌려 말하자면 역량실현capacity fulfillment의 모델로부터 소원성취aspiration fulfillment의 모델로의 전환이 이루어진 것이다. 그러나 이런 개인화로의 전환이 과도하게 이루어지면, 소원성취의 모델 자체가 위험해질 수 있다. 왜냐하면 지나친 개인화는 한 사회나 집단에서 주어진 공적 과제와 의무는 외면하고 자신이 설정한 사적 목표만 중시하는 개인 이기주의를 낳을 수 있기 때문이다.[140]

개인화 과정의 가속화 원인으로는 크게 두 가지를 지적할 수 있다. 하나는 자본주의 문화이고, 다른 하나는 가치관의 변화이다. 자유로운 자기 계발과 창조적 삶의 가치가 그 어떤 다른 가치들보다 강조되는 시대로 접어든 것이다. 이러한 가치관의 변화는 각 개인에게 최대한의 자유 허용을 강조하는 자유주의적 교육방식에 대한 관심으로 이어졌다. 이렇게 등장한 새로운 교육에서 가장 중요한 것은 교육받는 아이들이 무엇을 원하느냐 하는 것이었다. 아이들의 자기실현은 더 이상 보편적 '인간성의 실현'이 아니며, 개별화된 한 개인의 꿈과 주관적 소원의 성취를 의미하게 되었다. 인간으로서 실현해야 할 어떤 목적이나 가치도 미리 주어져 있지 않으며, 자기실현은 이제 "자기 자신에게 행하는 실험"[141]과 같은 것을 의미하게 되었다. 자기실현을 위한 어떤 길도 미리 정해져 있지 않기에, 각자 스스로 자신의 길을 실험하듯 개척해 나가야 한다.

자신의 꿈과 이상의 실현에 성공한 사람은 분명히 그렇지 못한 사람보다 삶을 더 긍정적으로 바라보고, 더 높은 '자존감'을 가진다. 심리학 연구에 따르면 삶에 대한 긍정적 태도와 높은 자존감은 행복과 매우 밀접한 관계를 맺고 있다. 그러나 여기서 우리는 반드시 한 가지 사실을 유념해야 한다. 오늘날처럼 개인주의가 만연하고, 어떤 목적도 미리 정해져 있지 않은 상황에서 이루어지는 '실험'은 자기실현은커녕 무모한 모험일 수 있다는 사실이 그것이다. 자기를 대상으로 이루어지는 이러한 실험과 모험은 자기실현이 아니라 오히려 자기상실이나 자기파괴로 이어질 수도 있음을 기억해야 한다.

그렇기에 인본주의 심리학자들은 자아에 대한 잘못된 방향 설정의 위험성을 거듭 경고한다. 자기실현이라는 말을 피상적으로 이해함으로써 "세계에 대한 비의존성이라는 치명적 환상"[142]에 빠질 수 있다는 것이다. 프랑클Viktor Frankl의 말대로 자기실현이라는 표현은 매우 매력적이다.[143] 그러나 자기실현이 바깥 세계의 다양한 요청과 과제들에 대한 헌신적 대응을 통해서만 가능하다는 사실을 잊어서는 안 된다. "인간이 자신의 자아에 도달하여 자기 자신이 되고자 한다면, 반드시 세계라는 우회로를 거쳐야 한다"[144]는 사실을 항상 기억해야 한다. 자신의 정체성을 회복하고 자아를 실현하기 위해서는 반드시 세계와 대면하고, 세계를 향해 나가야 한다. 인간의 모든 상황과 전체 삶은 '요청'의 성격을 가지기에, 세계의 이러한 요청에 대답함으로써, 나는 비로소 나 자신의 의미, 내가 영위하는 삶의 의미를 '객관적으로' 발견할 수 있는 것이다.[145]

IV

가치 추구의 행복

01 물질적 재화의 가치

02 기본 욕구의 가치

03 노동과 유대, 놀이와 관조

04 공동체, 인정, 호의, 공감

"행복을 직접 추구하면 달아난다.

행복은 간접적으로만 다다른다.

그 자체로 가치 있는 목표를 추구할 때

오직 그때 행복은 찾아온다."[146]

IV 가치 추구의 행복

01 물질적 재화의 가치

앞에서 살펴본 행복한 삶의 두 가지 방식, 즉 욕구 충족을 통한 '쾌락 추구의 삶'과 인생의 소망과 목표 달성을 통한 '자기실현의 삶'은 행복한 삶의 의미와 방식을 '주관주의적' 관점에서 바라본 것이라고 말할 수 있다. 왜냐하면 이 두 가지 모델은 삶의 '인간다움'과 행복 여부를 가늠하는 척도가 각 개인의 '주관적' 욕구와 소망과 목표에 달렸다고 보기 때문이다. 한 개인의 '주관적' 욕구 충족에서 비롯된 쾌락의 감정, 한 개인의 '주관적' 소망과 목표의 달성에서 비롯된 자기실현이 행복한 삶의 영위를 가능하게 만드는 조건이라고 본다는 점에서 두 입장은 공통점을 가진다.

그런데, 앞에서 살펴봤듯이, 어떤 것에 대한 나의 욕구가 나의 삶에 도움을 주는지를 결정하는 것은 결국 욕구의 대상이 무엇이냐에 달렸다. 욕구의 대상이 좋은 것이라면 내가 그것을 욕구하지 않더라도 그것은 나의 행복한 삶의 영위에 도움을 줄 것이고, 거꾸로 그것이 나쁜 것이라면, 설령 내가 그것을 간절히 원하더라도, 그것에 대한 욕구와 그 욕구의 충족은 나의 행복한 삶의 영위에 도움을 주지 못할 것이다. 그렇다면 욕구 대상의 이러한 좋음과 나쁨의 '객관적' 기준이 있는 것일까? 다시 말해서 주관적 관점을 떠나 '객관적' 관점에서 행복한 삶의 가능성에 대해 말해볼 수 있지 않을까? 행복한 삶은 인간의 주관적 감정이나 욕구, 소망과 목표와 다른 것, 그 자체로 가치 있는 어떤 것, 즉 '객관적' 가치를 요구한다는 주장도 가능할 수 있지 않을까?

행복한 삶은 자신의 주관적 감정과 욕구, 소망과 목표가 아니라, 그 자체로 고유한 가치를 가진 어떤 다른 것에 의하여 결정된다는 주장은 한 가지 사실을 전제하고 있다. 그것은 바로 그 자체로 고유한 가치를 가진 어떤 것이 존재한다는 사실이다. 그렇다면 과연 어떤 것이 인간의 주관적 평가나 욕구와 무관하게, 그 자체로 고유한, 즉 '객관적' 가치를 가지고 있는 것일까?

우선 '가치'라는 말의 의미부터 살펴보자. 가치는 사람들이 그것의 획득을 위해 애쓰고, 추구하는 목표이며, 그것에 대해 '좋다'고 판단하고 귀하게 여기는 것이다. 예컨대 사는 것은 죽는 것보다 좋고, 건강한 것은 아픈 것보다 좋다. 또한 부유함은 가난함보다 좋다. 그런데 왜 사는 것이 죽는 것보다 좋고 가치 있는가? 이 물음에 대답하기란 쉽지 않지만, 사람들이 죽음보다 삶을 가치 있게 생각하고, 죽음보다 삶을 선호하며 살아가고 있는 것은 분명한 사실이다. 여기서 우리는 사람들이 죽음보다 삶을 더 가치 있게 여긴다고 말할 수 있다. 죽음보다 삶, 아픔보다 건강, 가난함보다 부유함이 더 큰 가치를 가진다는 사실은 의문의 여지가 없어 보인다.

파핏Derek Parfit은 자신 있게 말한다. "도덕적 선, 합리적 행위, 능력의 계발, 아이를 낳아서 좋은 부모 되기, 지식, 진정한 미의식이 [객관적으로] 좋은 것에 포함된다."[147] 그러나 이러한 것들의 '객관적' 가치를 우리는 어떻게 아는가? 이런 앎을 가지기 위해서 어떤 특별한 능력이 필요한가? '객관적' 가치의 목록이 작성될 수 있을까? 많은 사람에게 가치를 인정받는다고 해서 나에게도 그러리라는 보장은 없지 않은가? 예컨대 '아이를 낳아서 좋은 부모 되기'가 가치 있다고 생각하는 사람들은 오늘날 눈에 띄게 줄어들고 있지 않은가? 욕구의 대상은 사람마다 다 다르기에, 하나의 대상이 모든 사람에게 동일한 가치를 가진다고 말할 수는 없지 않은가? 예컨대 '자유'가 어떤 사람에게는 행복한 삶의 영위에 무엇보다 중요하고 절실하게 요구되는 가치이지만, 어떤 사람에게는 벗어나고픈 부담과 불안을 의미할 수도 있지 않은가? 자유를 원하지 않는 사람에게 자유를 부여하는 것은 그의 삶을 행복하게 할까? 만약 자유가 '객관적'으로 가치 있는 것이라면, 이 물음에 대해서 '그렇다'라고 대답해야 할 것이다. 그러나 여전히 문제로 남는 것은 자유의 '객관적' 가치를 어떻게 정당화할 수 있느냐 하는 것이다.

이처럼 '객관적' 가치의 문제는 여러 가지 문제를 안고 있다. 이런 사정에도 불구하고 우리가 확실하게 말할 수 있는 것은 오늘날 현대인들은 그 어떤 다른 시대보다 열심히 집, 자동차, 옷, 재산 등 '물질적 재화'를 추구한다는 사실이다. 물질적 재화의 획득 여부를 행복한 삶의 '절대적' 기준으로 삼고 있다고 해도 과언이 아닐 정도이다. 물론 물질적 재화가 가치의 모든 것은 아니다. 행복한 삶의 영위를 위해서는 물질적 재화 외에도 사랑, 배려, 관용, 존중, 공감과 같은 공동체적 가치, 특히 자유, 정의, 교육 등 이념적 가치도 중요하다. 그러나 행복한 삶의 영위에서 '물질적' 가치가 차지하는 비중이 크다는 사실을 부인할 사람은 없다. 어느 정도의 물질적 기반이 마련되지 않은 상황에서, 즉 최소한의 경제력, 먹거리, 거주지 등이 확보되지 않은 상태에서는 다른 가치들의 추구 자체가 불가능하기 때문이다.

그런데 오늘날 자본주의 사회에서 이러한 물질적 재화의 소유가 자본 없이는 불가능한 것이라면, 행복한 삶의 문제 해결은 결국 돈에 달렸다고 봐야 한다. 실제로 자본주의의 발전과 함께 행복한 삶의 문제는 점점 더 경제적인 차원에서 다루어진다. 그 결과 점점 더 많은 사람이 모든 것을 물질적 삶의 연장선에서 바라보게 되었다. 한 개인의 사회적 계급을 결정하는 것은 그가 소유하고 있는 물질적 재화의 양이라는 생각은 이미 자본주의의 등장과 함께 출현했다.

"[19세기 자본주의가 등장하던] 당시의 행복은 삶에 대한 만족을 의미했다. 그런데 삶에 대한 만족은 물질적 풍요와 육체적 건강과 안락 없이는 불가능한 것처럼 보였다. 이러한 것들은 행복의 필수적인 조건으로 간주 되었고, 심지어 이러한 조건들 자체가 행복과 동일시되었다. 물질적 풍요와 안락함 속에 살아가는 사람은 행복한 사람으로 인정받았다."[148]

이런 생각은 오늘날 더욱 강화되어 가는 추세로 보인다. 인생의 궁극목표로서 행복은 물질적 재화의 판매를 위한 가장 효과적인 수단으로 활용되고 있다. 현대사회에서 크고 비싼 집이나 고급스러운 자동차의 소유는 선망의 대상이고, 행복한 삶의 상징이 되어버렸다.[149] 사람들은 이제 서로 공공연하게 말한다. "자본주의 사회에서 돈으로 사지 못할 것은 없다. 행복? 물론 행복도 돈으로 얼마든지 살 수 있다!" 그러나 이런 생각이 널리 퍼져 있는 사회일수록 행복하다고 느끼는 사람보다 오히려 불행한 사람이 더 많은 이유는 어디에 있을까?

그것은 아마도 상대적 박탈감 때문일 것이다. 행복이 물질적 재화의 소유에 달렸다고 믿는 사회에서는 휴가 때마다 외국 여행을 할 수 없고, 오성급 호텔에 묵을 수 없고, 비싸고 맛있는 음식을 인스타그램에 올리지 못하는 사람들은 스스로 불행하다는 생각을 할 것이기 때문이다. 다른 사람들이 가진 돈과 내가 가진 돈의 양의 차이가 행복의 차이로 귀결되는 사회에서 이런 사람이 자기 자신을 행복한 사람으로 간주할 가능성은 별로 크지 않다. 나보다 더 많은 돈을 가진 사람이 나보다 더 행복하다고 생각하는 한, 나의 행복은 더 이상 행복이라고 말할 수 없게 되기 때문이다.

이처럼 돈으로 행복을 살 수 있다는 믿음은 더 많은 물건을 사라고 끊임없이 부추기는 광고와 불가분의 관계를 맺게 된다. 광고는 즐거움과 기쁨, 만족감과 행복감과 같은 긍정적 기분을 느끼게 함으로써 고객들을 사로잡으려고 한다. 이런 광고가 효과를 거두는 것은 물건에 대한 고객의 관심과 소유욕 덕분이다. 광고가 소비자의 욕망을 부추기는 측면도 있지만, 소비자가 관심이 없다면 광고는 아예 만들어지지도 않았을 것이다. 행복한 삶이 갖고 싶은 물건을 맘껏 가지고, 먹고 싶은 것을 맘껏 먹고, 입고 싶은 것을 맘껏 입을 수 있는 것이라는 생각을 버리지 않는 한, 광고는 끊임없이 소비자의 소비욕을 부추기려 들 것이다.

행복한 삶의 이러한 시장화 혹은 경제화에 대한 우려와 비판은 오래전부터 이루어졌다. 18세기 계몽주의 시대에 이미 시민들은 행복을 보장해주는 척하는 국가와 정부의 숨은 속내를 간파했다. 경제성장을 강조하는 것과 국가 권력을 정당화하는 것 사이에 모종의 관계가 있음을 눈치챈 것이다. 오늘날 철학자들이 경제적 관점에서 행복의 의미를 이해하려는 시도에 대해 비판적인 태도를 보이는 것은, 이러한 행복관이 행복을 단지 '양적인' 문제로 이해하는 경향이 있기 때문이다. 즉 행복한 삶에 대한 보다 진지하고 심각한 물음을 간과하도록 만들기 때문이다. 철학자들이 무엇보다 두려워하는 것은, 자유롭고 합리적인 삶의 형성에 대한 요구가 물질적 재화의 추구 앞에서 속절없이 무너져 버리는 것이다.

광고기획사가 끊임없이 구매를 부추기고 유혹하는 상품들이 전부 우리의 삶에 가치 있는 것들이라고 말할 수는 없다. 돈을 지불하고 얻은 행복은 그 대가로 자유의 상실을 요구하는 경우가 많다. "행복의 욕구를 물질적 재화의 소비를 통해 충족하는 사람은, 시장 지향적 생산 질서가 규정하는 소비패턴에 사로잡히게 된다."[150] 물질적 재화의 추구는 불안과 강박을 초래하여 삶에서 기쁨을 앗아가기 쉽다. 재산증식이나 성형 등 외적 가치의 추구를 통해서 행복해지려는 사람들이 자주 우울증을 호소하는 것은 결코 우연이 아니다. 외적 가치의 소유와 소비에 대한 집착은 삶의 다양한 의미와 기쁨을 감소시키기 때문이다.

물질적 재화 추구의 근본적인 문제는 흔히 '만족의 역설'이라 불리는 현상에서 잘 드러난다. 이른바 선진국의 특권층에 속하는 사람들이 삶에 대해 느끼는 만족도는 후진국의 가난한 사람들이 느끼는 만족도보다 높지 않다. 가난한 사람들이 적은 수입이나 삶의 열악한 조건에 대해 느끼는 만족도가 부자나라에 사는 사람들보다 낮은 것도 아니다. 현대인이 과거에 비해 생활 수준이 높아지고 물질적 재화의 보유량이 많음에도 불구하고 오히려 삶에 대한 만족도가 떨어지는 것은, 행복은 단순히 물질적 재화의 소유 여부에 의존하지 않는다는 사실을 잘 보여준다.

그렇다면 물질적으로 풍요로운 삶이 인간답고 행복한 삶의 실현을 보장해주지 못하는 이유가 무엇일까? 우선 생각해 볼 수 있는 것은 '한계효용 체감의 법칙'이다. 인간은 아무리 갖고 싶었던 것이라도 막상 그것을 가지게 되면 쉽게 질린다. 어떤 것이든 그것을 소유하는 데서 오는 즐거움은 생각보다 빨리 사라지고 만다. 왜냐하면 새로 소유하게 된 것에 대한 적응과 거기서 비롯된 익숙함이 새로운 자극의 가능성을 차단하기 때문이다. 이것이 바로 심리학과 경제학에서 말하는 '한계효용 체감의 법칙'이다. 어떤 것의 사용 혹은 소비가 지속적으로 이루어질 경우, 시간의 흐름과 함께 그것에 대한 만족도와 효용 가치는 급격히 떨어진다는 것이다.[151] 새로 구입한 최고급 사양의 컴퓨터나 휴대폰이 주는 만족감은 시간이 흐르면서 점차 줄어들다가 마침내 완전히 소멸하고 만다. 로또 당첨도 예외는 아니다. 일확천금이 당첨자의 삶을 가장 행복하게 만들어주는 듯 보이지만, 시간의 흐름과 함께 돈이 주는 즐거움과 효용은 점차 사라지게 마련이다. 로또 당첨은 결코 인간의 삶을 행복하게 해주지 못한다. 위에서도 말했다시피 물질적으로 풍요로운 나라에 사는 사람들이 우울증에 시달리고, 권태로 인한 고통을 하소연하고, 심지어 자살률까지 높은 것은 결코 우연이 아니다.

물론 한 인간이 영위하는 삶의 좋음과 나쁨이 그가 처한 물질적 상황에 크게 의존한다는 사실을 부인하기란 쉽지 않다. 인간의 가장 기본적인 욕구마저 충족할 수 없을 정도로 열악한 상황 속에서는 행복이라는 말 자체가 무의미할 수 있다. 예컨대 식량과 옷, 잠과 휴식에 필요한 주거 공간 등 사람이 살아가는데 필요한 최소한의 조건이 충족되지 않는 상황, 굶주림의 해결이 문제인 상황에서는 행복에 대해 말하는 것 자체가 사치일 수 있다.

그러나 이런 사실로부터 물질적 재화, 특히 돈이 행복과 불행의 잣대라는 주장이 도출되어 나올 수는 없다. 즉 삶의 영위에 필요한 최소한의 물질적 재화마저 결핍될 때 행복한 삶의 가능성은 닫힐 수밖에 없지만, 이로부터 행복한 삶이 물질적 재화에 전적으로 의존한다는 결론이 도출될 수는 없다. 물질적 재화는 행복한 삶의 필요 조건일 수는 있어도 결코 충분 조건일 수는 없기 때문이다. "돈은 행복을 만들어 내지 못한다. 단지 위안을 줄 뿐이다."[152]

현대인은 자기의 삶을 타인과 비교하는 데에 매우 익숙하다. 자신이 소유한 물질적 재화의 양을 평균치와 비교하여 상대적 만족감 혹은 박탈감을 느끼곤 한다. "자신이 속한 사회의 평균보다 더 많이 버는 사람은 만족한다. 이 만족감은 그의 수입이 객관적으로 얼마나 많은가와는 아무런 상관도 없다."[153] 그러나 이런 현상은 가난한 나라에 사는 사람들에게서는 흔하지 않다. 그들은 처해있는 열악한 삶의 조건에도 불구하고 불행한 삶을 산다는 생각 없이 비교적 잘 살아간다. 물론 이들도 평균 소득과 자신의 소득을 비교하지만, 자기보다 잘 사는 사람보다 오히려 못사는 사람과 비교하여 위안을 얻곤 한다.

여기서 알 수 있듯이 자기의 삶에 대해 느끼는 '주관적' 만족도는 삶의 상황에 대한 '객관적' 평가를 왜곡한다. 그러므로 '삶의 질'에 대한 주관적 평가를 맹신해서는 안 된다. 잘 먹고 잘 입고 잘 자는 것에 대한 충분한 정보와 이해가 없는 상태에서 이루어지는 설문조사는 엉터리 통계일 뿐이다. 부자 나라에 사는 사람들은 실제로 가난해서가 아니라, 다른 사람들보다 덜 가졌다는 사실 때문에 불행을 느낀다. 핀란드, 스웨덴, 스위스와 같은 나라들에 사는 사람들이 느끼는 삶의 만족도가 같은 유럽국임에도 불구하고 독일이나 이탈리아 사람들의 만족도보다 더 높은 것은 다른 나라에 비해 상대적으로 빈부격차가 크지 않기 때문이다.

다른 사람들과의 비교를 통해서 느끼는 감정은 다양한 형태로 나타난다. 부당하게 차별받는다는 느낌일 수도 있고, 열등감일 수도 있다. 혹은 질투심일 수도 있고, 증오심이나 적개심의 형태를 띨 수도 있다. 그러나 무엇보다 고통스럽게 하는 것은 '상대적 박탈감'이다. 상대적 박탈감을 느끼면서 행복한 삶을 영위하기란 쉽지 않다. 상대적 박탈감에서 벗어나기 위해 사람들은 남들보다 더 많이 가지려는 경쟁에 나선다. 그러나 이러한 경쟁은 서로 간에 적대감을 조성하고, 불필요한 스트레스를 더할 뿐이다. 모든 경쟁에서 늘 이기는 사람은 이 세상에 존재하지 않는다. 그러므로 아무도 자기의 삶에 만족을 느끼지 못하게 된다. 많건 적건 누구나 상대적 박탈감 속에서 자기의 삶에 대해 불만을 느끼게 된다. 그러므로 상대적 박탈감에서 벗어날 수 있기 위해서는 삶의 질을 그 사람의 '수입'을 통해 규정하고, 수입을 서로 비교함으로써 삶에 대한 만족감을 느끼는 잘못된 습관을 고쳐야 한다. 어떤 사람의 삶에 대한 평가가 그 사람의 수입을 통해 이루어지게 되면, 행복한 삶을 구성하는 다른 비물질적-비경제적 요인들, 예컨대 그 사람의 사회적 행위라든가 인간관계, 그가 가지고 있는 인문학적 소양이나 예술적 취향과 안목 등은 아무런 가치도 인정받지 못하는 참담한 상황에 놓이게 된다. 소유의 많고 적음이 반드시 삶의 좋음과 나쁨을 의미하는 것은 아니라는 '기본적인' 사실이 망각의 깊은 늪에 빠지고 마는 것이다.

물질적 재화가 인간답고 행복한 삶의 영위와 관련하여 중요하지 않다고 말할 수는 없다. 물질적 재화의 소유는 인간답고 행복한 삶에 대해 어떤 식으로든 중요한 의미를 가진다. 그러나 물질적 재화의 단순한 소유보다 더 중요한 것은 자신이 소유한 재화와 어떤 관계를 맺느냐 하는 것이다. 특히 중요한 것은 자기의 '객관적' 생활 수준과 그에 대한 자신의 '주관적' 만족감 간에 존재하는 괴리를 어떻게 받아들이느냐이다. 행복한 삶의 영위와 관련하여 물질적 재화의 가치가 절대화되는 것은 반드시 막아야 한다. 물질적 재화의 소유보다 훨씬 더 중요한 것은 그 재화와 어떤 관계를 맺느냐, 그 재화를 통해 어떤 효용을 창출해 내느냐 하는 것이기 때문이다. 행복한 삶은 단순히 '높은' 생활 수준에 도달한다고 가능한 게 아니라, 물질적 재화를 통해 가지게 된 역량을 어떻게, 무엇을 위해 사용하느냐에 달려 있다.

어떤 사람이 얼마나 잘 사느냐를 판단하는 기준으로 그가 얼마나 많은 식량과 옷을 소유하고 있느냐가 아니라, 그가 가진 식량과 옷을 토대로 하여 얼마나 실제로 '잘' 먹고 '잘' 살고 있는지를 봐야 한다. 개도국에 대한 이른바 선진국의 원조가 범하는 큰 잘못 중 하나는 도움의 손길을 기다리는 사람들에게 식량과 옷 등의 구호품을 단순히 전달하기만 한다는 사실이다. 단순한 구호품 전달보다 더 중요한 것은 그들이 깨끗한 물을 일 년 내내 마실 수 있도록 하고, 균형 잡힌 식단을 제공하는 것이다. 물질적 재화의 사용은 합리적일 수도 있고 비합리적일 수도 있다. 물질적 재화와 맺는 관계 역시 이기적일 수도 있고 이타적일 수도 있다. 어떤 경우든 물질적 재화 자체가 최종 목표일 수 없다는 사실을 기억하는 게 중요하다. 얼마나 많은 물질적 재화를 소유하느냐가 아니라, 그것과 어떤 관계를 맺고 살아가느냐 하는 것이 고민거리가 되어야 한다.

여기서 다시 한번 아리스토텔레스의 가르침을 떠올려 볼 필요가 있다. 아리스토텔레스에 따르면 물질적 재화와 행복한 삶은 깊은 관련을 맺고 있다. "말하자면 물질적 재화의 도움 없이 고귀한 행위를 하는 것은 아예 불가능하거나, 혹은 쉽지 않다."[154] 그러나 당시의 다른 철학자들과 마찬가지로 아리스토텔레스 역시 유덕한 행위를 위한 노력과 탁월한 삶의 기술 ars vivendi의 습득이 가장 중요하다고 생각했다. 이것을 아리스토텔레스는 악기 연주에 비유하여 설명한다. 좋은 음악을 연주하기 위해서는 좋은 악기를 가지고 좋은 소리를 낼 수 있어야 한다. 그러나 좋은 연주에 가장 중요한 것은 악기가 아니라 연주자의 기량이다. "이런 까닭에 사람들은 좋은 것들 중에서 외적인 것들을 행복의 원인이라고 믿는다. 마치 사람들이 뤼라를 악기 소리에 맞춰 제대로 멋지게 잘 연주하는 것이 [연주자의] 기술보다는 그 악기의 탓으로 돌리는 것처럼 말이다."[155] 물론 아리스토텔레스도 아무리 훌륭한 연주자라고 해도 평범한 악기를 가지고 최상의 연주가 힘들다는 것은 인정한다. 인간의 삶도 이와 마찬가지이다. 인간이 행복한 삶을 영위할 수 있기 위해서는 그에 걸맞은 수단이 필요하다. 탁월성이 바로 그것이다. 행복은 오직 이러한 탁월성을 통해서만 가능하며, 우연히 주어진 행운과 같은 것을 통해서는 결코 행복할 수 없다.

스토아 철학자들도 행복한 삶의 영위를 위한 수단으로서의 덕의 중요성을 강조해 마지않는다. 아무리 힘든 상황에서도 – 심지어 고문받는 상황처럼 육체적 고통이 극심할 때도 – 인간은 행복할 수 있다고 본다. 행복에 필요한 것은 자신이 처한 상황에 대한 이성적 통찰과 그에서 비롯된 유덕한 태도일 뿐이다. 그러나 이런 스토아 철학자들의 주장은 – 오늘날 우리의 시각에서 보면 – 거의 궤변에 가깝다. 왜냐하면 인간이 덕만 갖추고 있으면 그 밖의 어떤 다른 재화의 도움 없이도 얼마든지 행복할 수 있다는 주장은 마치 먹지 않고도 배부를 수 있다는 주장만큼이나 비현실적이기 때문이다. 다시 말해 – 아리스토텔레스의 악기 연주에 빗대어 말하자면 – 형편없이 고장 난 악기를 가지고도 훌륭한 연주가 가능하다는 것이나 다름없는 주장이기 때문이다.

유덕한 행위와 물질적 재화가 무관하지 않다는 것, 전자가 후자에 의존한다는 사실은 의문의 여지가 없다. 기타 연주 실력이 늘었는데도 계속 초보자용 기타를 사용한다면, 그의 연주가 얼마나 좋아졌는지를 확인할 수 없다. 행복한 삶의 영위도 기타 연주와 크게 다를 바 없다. 행복한 삶을 영위하기 위해서는 – 좋은 연주를 위해서는 좋은 악기가 필요하듯이 – 그것에 필요한 것들이 주어져야 한다. 행복한 삶의 영위에 필요한 외적 조건들이 무엇이냐 하는 것은, 한 개인이 추구하는 목표 혹은 과제가 무엇이냐에 따라 달라진다. 사용자가 전문적인 기타 연주자가 되려고 하느냐, 아니면 단순한 취미 활동으로 만족하려고 하느냐에 따라 어떤 기타를 사용하느냐가 결정된다. 즉 행복한 삶의 영위에 어떤 물질적 재화가 얼마나 필요한가 하는 것은 그가 어떤 계획과 목표를 가지고 자기의 삶을 영위하려고 하느냐에 따라 결정된다.

물질적 재화가 행복한 삶의 영위를 위해 필요하다는 사실은 분명하지만, 주객이 전도되지 않도록 조심해야 한다. 물질적 재화의 추구는 과도하지 않게, '적절하게' 이루어져야 한다. 여기서 '적절하게'란 생존에 필요한 만큼, 혹은 가까운 장래를 대비할 만큼을 의미한다. 특히 자신이 가지고 있는 물질적 재화를 이른바 '평균'과 비교하면서 평가하지 않아야 한다. 물질적 재화의 양을 기준으로 타인의 삶과 자기의 삶을 비교하고 평가하는 것은 삶의 질을 떨어뜨리는 지름길이다. 물질적 재화의 소유를 행복한 삶의 평가 기준으로 삼는 것이 큰 잘못인 까닭은, 물질적 재화 아닌 다른 재화들, 예컨대 사회적 재화, 육체적 재화, 정신적 재화 등도 행복한 삶의 구성요소라는 사실을 망각하게 만들기 때문이다.

다시 한번 말하거니와, 행복한 삶의 영위에서 중요한 것은 물질적 재화의 소유 자체가 아니라, 그 소유가 무엇을 위한 것이냐 하는 것이다. 한 사람이 자기의 삶 전체를 긍정적으로 평가할 수 있느냐 여부는, 자신이 정립한 삶의 목표와 관련하여 물질적 재화와 어떤 관계를 맺느냐에 달려 있다. 삶의 질에 대한 평가는 물질적 재화만이 아니라, 사회적-육체적-정신적 재화 등을 두루 고려하여 다면적이고 종합적으로 이루어져야 한다. 우리 사회에서 '삶의 질' 문제에 대한 사람들의 관심이 경제성장에 대한 '지나친' 관심이 식은 다음에 출현한 것은 우연이 아니다. '삶의 질'에 대한 관심은 경제적 가치 외의 다른 가치들도 삶에서 중요하다는 사실에 대한 인식을 전제하기 때문이다.

02

기본 욕구의 가치

행복한 삶의 영위에 필요한 최소한의 '객관적' 가치가 있다면 무엇일까? 이 물음에 대한 대답을 위해서는 인간의 욕구가 일차적으로 무엇을 향하는지를 살펴봐야 한다. '욕구'는 모든 인간이 공통으로 가지고 있는 어떤 '보편적인' 것이기 때문이다. 즉 무엇을 욕구하느냐는 개인차가 있지만, 무엇인가를 욕구한다는 사실 자체는 누구에게나 적용된다.

그렇다면 욕구란 무엇인가? 욕구는 우선 결핍의 경험이다. 욕구는 '자기보존'을 위해 결핍을 제거하라는 강력한 명령이다. 예컨대 안전과 보호를 향한 인간의 욕구는 어떤 다른 욕구보다 강한 것이고, 그런 의미에서 가장 '기본적'이다. 예컨대 산중에서 갑자기 폭우를 만나면 본능적으로 피신처를 찾는다. 뜨거운 여름에는 더위를 피해 시원한 곳을 찾고, 추운 겨울에는 몸을 녹일 수 있는 따뜻한 곳을 찾아 나선다. 인간이 태어나면서부터 가진 기본 욕구를 충족시켜 주는 것은 어떤 다른 재화들보다 중요한 가치이다.

인간의 기본 욕구와 관련하여 가장 유명한 이론이 있다면 아마도 매슬로Abraham Maslow의 5단계 욕구 이론일 것이다. 이 이론에 따르면 인간의 가장 기본적인 욕구는 생리적인 욕구이다. 2단계 욕구는 안전 욕구이고, 3단계 욕구는 소속감과 사랑의 욕구, 4단계 욕구는 존중의 욕구, 마지막 5단계 욕구는 자기실현의 욕구이다. 매슬로에 따르면 이 다섯 가지 욕구의 관계는 위계적이다. 상위 단계의 욕구는 하위 단계의 욕구가 충족되어야 비로소 출현한다. 하위 단계의 욕구일수록 강력한 힘을 가진다.

"삶에서 모든 것이 극단적으로 결핍되어 있는 사람은 다른 어떤 욕구보다도 생리적 욕구에 따라서 동기화될 가능성이 가장 높다. 음식, 안전, 사랑, 존중이 모두 결핍되어 있는 사람은 다른 무엇보다도 음식을 더 강하게 원할 것이다. 만약 모든 욕구가 충족되지 못하여 인간이 생리적 욕구의 지배를 받게 된다면 그 밖의 다른 욕구들은 사라져버리거나 우선순위에서 밀려날 것이다."[156]

하위 욕구가 충족되기 전까지 상위 욕구는 잠들어 있다. 가장 강력한 1단계 욕구가 충족되지 않으면, 즉 먹고 자는 문제가 해결되지 않으면, 2단계부터 5단계에 이르는 욕구는 상대적으로 약하게 느껴진다. 그러다가 1단계 욕구가 충족되면 2단계 욕구가 발생할 가능성이 그만큼 커진다. 인간의 기본 욕구가 충족되지 못하면 불안감, 좌절감, 스트레스 등에 시달리게 되고, 행복한 삶의 영위가 어렵게 된다. 인간이 기본 욕구를 충족해야만 하는 이유는 그가 욕구를 가진다는 사실 자체에서 비롯된다. 내 안의 욕구가 나에게 충족을 명령한다는 사실보다 욕구 충족의 더 큰 이유는 없다. 이런 의미에서 욕구는 '객관적' 성격을 가진다. 욕구 충족의 실패는 심한 고통과 좌절감을 유발한다. 식욕의 충족에 실패할 때 나는 배고픔의 고통을 느끼지 않을 수 없다. 굶주림과 그것이 유발하는 배고픔의 고통은 그 자체로 '악'이다. 굶주림은 그 자체로 잘못된 것, 즉 "객관적 악"[157]이다.

욕구의 이러한 '객관적' 성격의 관점에서 볼 때, '어떻게 살아야 하는가?' 라는 물음과 관련하여 가장 중요한 것은 기본 욕구의 충족에 필요한 재화의 공급이다. 기본적인 욕구 충족의 실패로 점철된 삶이 행복한 삶일 수는 없다.[158] 우선 '생존 욕구'의 충족이 가장 시급하다. 먹고 자는 문제의 해결을 위한 욕구, 즉 인간의 생리적 기본 욕구의 충족보다 앞선 가치는 없다. 이러한 1단계 욕구가 충족될 때 다른 욕구들로의 이

행이 비로소 가능해진다. 두 번째 '안전 욕구'는 '생존 욕구'가 충족된 다음에 비로소 출현하는 욕구이다. "생리적 욕구가 어느 정도 충족되면 새로운 욕구가 생기는데 그것을 안전 욕구라고 분류할 수 있다. 즉 안전·안정·의존·보호의 욕구, 두려움과 불안, 혼돈으로부터 해방되려는 욕구, 구조·질서·법·한계를 추구하려는 욕구, 강력한 보호 장치의 욕구 등이 안전 욕구의 예다."[159] 사람들이 예기치 않은 혼란과 위험에서 벗어나 안전한 세상에서 살아가고 싶은 것은 너무 자연스러운 일이다. 그러므로 법과 질서, 권위가 위협받는다는 생각이 들 때 안전 욕구는 최고조에 달한다. "혼돈이나 폭력혁명의 위협이 발생하면 대부분의 사람들은 보다 상위 욕구를 느끼던 상태에서 더욱 그 위력이 강한 안전 욕구를 느끼는 상태로 퇴행한다. 그럴 경우 일반인들에게서 나타나는 예측 가능한 매우 흔한 반응은 독재정권이나 군사통치를 순순히 받아들이는 것이다."[160] 이 단계에서 가장 중요하게 여겨지는 가치는 평화롭고 안정된 사회의 유지다. 행복한 삶의 필요조건으로서 '최소한의 신뢰'보다 더 중요한 것은 없다는 생각이 지배하게 된다.

매슬로가 보기에 미국과 유럽에서 안전 욕구는 - 국제적 테러 조직의 위협이 상존하는 상황에서도 - 충분히 충족되고 있는 편이지만, 사랑과 애정, 소속감을 향한 욕구는 크게 위협받고 있다. 전통문화 파괴, 가족 해체, 공동체 정신 약화는 개인의 소외와 고독을 낳는다. 현대사회에서 이런저런 이유를 내세워 각종 소모임이 끊임없이 만들어지는 것은 결코 우연이 아니다. "이동성의 증가, 전통적인 집단, 가족의 해체와 세대 차이, 꾸준히 진행되는 도시화 때문에 점점 심화되고 만연하는 소외감과 이질감, 고독을 극복하기 위해 이런 사회 현상[소모임 생성]이 일어나는지도 모른다."[161] 사랑의 결핍, 특히 가정불화로 인해 어린 시절 겪은 사랑의 결핍은 다양한 정신병리학적 현상의 원인이 된다. 유아기에 겪은 사랑 결핍의 경험은 타인과 사랑을 주고받을 수 있는 능력의 상실로 이어지기 때문이다. 타인과의 친밀감과 소속감 충족은 행복한 삶의 영위를 위해 필요한 '객관적' 가치이다.

존중의 기본 욕구를 매슬로는 다시 두 개의 하위 그룹으로 나눈다. 하나는 외부에서 주어진 도전과 과제에 직면하여 자기의 힘과 역량을 보여주고 싶은 욕구이고, 다른 하나는 좋은 직업, 타인의 인정, 명예와 명성에 대한 욕구이다.[162] 4단계 욕구가 충족될 때 인간은 자신감을 가지게 되고, 세상을 위해 자기가 쓸모 있고 필요한 존재라고 믿게 된다. 반대로 이러한 욕구가 충족되지 못하면, 좌절감과 함께 심한 무력감과 우울감을 느끼게 된다.

인간이 가진 욕구 가운데 마지막이자 최고의 단계는 자기실현의 욕구이다. 생리적 욕구와 안전 욕구, 사랑과 존중의 욕구가 충족되어도 자신에게 적합한 일을 하지 못하면 불만과 불안을 느끼는 게 인간이다. "스스로에 대해서 평온함을 느끼려면 음악가는 음악을 해야 하며 화가는 그림을 그려야 하고 시인은 시를 써야 한다."[163] 말하자면 인간은 자신이 잘 할 수 있는 일을 찾아내어, 그 일을 할 때, 비로소 만족과 즐거움을 느낀다. 이것이 바로 매슬로가 말하는 자기실현이다. 자신에게 어울리지 않는 일을 억지로 해야만 할 때 인간은 불만과 불안, 그리고 불편함을 느낀다. 자기실현의 욕구가 충족되는 방식은 사람마다 다르게 나타난다. 훌륭한 부모가 되기를 바랄 수도 있고, 훌륭한 그림이나 저작을 남기고 싶어 할 수도 있다. 그러나 하위 단계의 욕구가 먼저 충족되지 않고서 상위 단계의 욕구가 출현하지 않는다는 점에서는 아무런 차이가 없다. "그러나 생리적, 안전, 사랑, 자기존중의 욕구가 먼저 충족되어야 자기실현의 욕구가 나타난다는 특성은 모든 사람에게 공통적이다."[164]

하위 단계의 욕구는 상위 단계의 욕구에 비해 본능에 충실하고, 그만큼 강제적이고 절박하다. 그러나 동물과 달리 인간은 자신의 본능적 욕구에 대해 거리를 둘 수 있다. 예컨대 인간은 아무리 배가 고파도 음식에 대한 본능적 욕구를 억제하고, 단식을 선택할 수 있다. 또한 인간의 욕구 충족은 동물과 달리 언제나 사회적 문화적 맥락 안에서 이루어지는 것이기에 자신의 욕구 충족의 대상과 방식을 스스로 결정할 수 있다.

인간은 누구나 어려서부터 한 사회 안에서 정당하다고 인정된 욕구들을 자신의 욕구로 받아들이게 마련이다. 자기실현의 욕구 안에는 어떤 음악가가 좋은 음악가인지, 어떤 정치가가 훌륭한 정치가인지에 대한 사회적 합의가 이미 전제되어 있고, 그 합의의 결과를 따를 수밖에 없다. 그렇다면 과연 한 인간이 받아들여야 할 '좋은' 욕구와 받아들여서는 안 될 '나쁜' 욕구를 구분할 수 있는 기준이 있을까? 두 영역 간 구분을 가능하게 해주는 경계선과 같은 것이 존재하는 것일까?

이 물음에 대해 마르쿠제Herbert Marcuse는 이렇게 대답한다. "'거짓된 욕구'란 개인을 억압하는 것이 이익이 되는 특정의 사회적 세력이 개인에 대하여 부과하는 욕구를 말한다. (...) 이러한 종류의 욕구는 개인이 제어할 수 없는 외적인 힘에 의해 결정되는 사회적 내용과 기능을 가지고 있다. 다른 말로 바꾸면 이러한 욕구의 발달과 충족은 타율적이다."[165] 어떤 욕구가 '거짓된' 것은, 그것이 문화적으로 규정된 것이고, 그래서 더 이상 자연스럽지 않아서, 즉 그것이 '인위적'이라서가 아니다. 욕구 형성의 방식이 '타율적'으로, 즉 "개인이 제어할 수 없는 외적인 힘에 의해 결정"되기 때문이다. 이런 일은 주로 전체주의 사회에서 일어나지만, 인간의 선천적 욕구를 의도적으로 조작하고 비판적 사고 능력을 마비시킨다면, 개인의 자유가 강조되는 자본주의 사회에서도 얼마든지 일어난다.

욕구의 교묘한 조작은 어디서든 끊임없이 시도된다. 욕구 조작의 대표적인 경우는 바로 상업광고이다. 광고의 은밀한 유혹에 속절없이 노출된 채 현대인은 자기도 모르는 방식으로 욕구를 자극받으며 살아가고 있다. 자기가 스스로 욕구한다고 생각하지만, 실은 교묘한 방식으로 밖에서 주입되고 만들어진 욕구일 뿐이다. 탈모 방지용 샴푸, 구취 제거용 치약 광고가 소비자에게 약속하는 것은 궁극적으로 사회적 고립에서 벗어나게 해주겠다는 것, 그래서 행복한 삶을 가져다주겠다는 것이다. 인간의 무의식에 침투하여 불필요한 소비 욕구를 부추기기 위해 심리학자들과 광고 마케팅 전문가들은 부단히 노력한다. 전문가들의 이런 노력이 만들어 낸 광고를 반복적으로 접하면서, 자기의 욕구가 타인에 의해 만들어진 것이라는 사실은 꿈에도 모른 채, 본인 스스로 원해서, 즉 자신의 욕구를 충족시키기 위해서 스스로 어떤 상품을 구입할 뿐이라는 착각에 빠져든다.

03

노동과 유대, 놀이와 관조

셀Martin Seel에게 행복은 유한하면서도 유약하기 짝이 없는 존재로서 인간이 바라는 안락과 안녕을 의미한다. 인간은 자기의 삶이 얼마나 유한하고, 얼마나 쉽게 파괴될 수 있는지 너무나도 잘 알고 있기에, 끊임없이 안락과 안녕을 바라지 않을 수 없다. 안락과 안녕으로서의 행복의 추구는 인간에게 거의 생존본능에 가깝다. 행복이 어떤 형태로 추구되든 자신의 안락과 안녕을 전제로 한다는 점에서는 다를 바 없다. 어떤 종류의 행복이 되었든 인간이 행복을 경험할 수 있기 위해서는 일정한 조건이 충족되어야 한다. 행복의 조건에 대한 물음은 동시에 어떤 상황에서 인간이 불행해질 수밖에 없는지에 대한 물음이기도 하다. 어떤 조건을 충족할 때 인간은 행복해질 수 있는가를 묻는다는 것은 결국 어떤 조건이 결여될 때 불행할 수밖에 없는지에 대한 물음이기도 한 것이다.

안락과 안녕으로서의 행복한 삶의 영위를 위해 가장 먼저 확보되어야 할 조건은 '안전'이다. 물론 그 어떤 위험도 존재하지 않는 절대적 안전보장만이 인간에게 행복을 허용하는 것은 아니다. 사회적 위험, 자연적 위험, 기술적 위험 등 다양한 위험들이 존재하는 상황에서도 인간은 얼마든지 행복한 삶을 영위할 수 있다. 여기서 말하는 안전은 절대적 안전이 아니라, 상대적 안전이다. 여러 가지 위험들 속에서도 인간은 행복할 수 있다. 그러나 중요한 것은 그가 직면한 이러한 위험이 일정한 선을 넘지 말아야 한다는 것이다. 자신이 살아가는 이 세계가 자신의 삶을 한 순간에 파괴하지 않을 것이라는 사실에 대한 최소한의 믿음을 가질 수 있어야 한다. "행복은 세계에 대한 최소한의 믿음을 가지고 있을 때만 가능하다."[166]

행복을 가능케 하는 두 번째 조건은 '건강'이다. 안전의 경우처럼 건강도 상대적이다. 즉 정신적 육체적으로 완벽하게 건강해야만 행복한 삶이 가능한 것은 아니다. 정신적 육체적 고통은 어떤 식으로든 언제나 존재할 수밖에 없다. 이 고통이 일정한 선을 넘지 않는 것이 중요하다. "행복은 한 개인의 삶이 육체적 고통과 정신적 고뇌의 지배를 받지 않을 경우에만 가능하다."[167]

행복의 세 번째 조건은 자유이다. 안전과 건강의 경우처럼 자유도 절대적일 필요는 없다. 셀이 특히 주목하는 자유는 자신의 삶에 중요하다고 생각되는 것들을 스스로 선택할 수 있는 가능성으로서의 자유이다. 이런 자유가 존재하지 않는다면, 어떤 형태의 삶도 행복한 삶으로 경험할 수 없다. "행복은 한 개인이 자유로울 때만, 즉 자신의 삶을 행위 혹은 무위와 관련하여 바라볼 수 있을 때만 가능하다."[168]

행복의 조건으로서의 안전, 건강, 자유가 얼마나 보장되어야 하는지는 개인마다, 문화마다 차이가 있기에, 일률적으로 말하기는 어렵다. 어떤 사람에게는 충분히 견딜만한 고통이 어떤 사람에게는 도저히 견디기 힘든 고통일 수 있다. 그러나 이 세 가지 조건이 삶을 견딜만한 것으로 만들어주기 위해서 반드시 필요한 것이라는 사실만큼은 분명하다. 이 사실은 모든 시대와 모든 문화를 막론하고 언제나 쉽게 확인된다.

안전과 건강, 그리고 자유는 서로 밀접한 관계를 맺고 있다. 우선 건강은 믿음의 문제이다. 나의 정신적 육체적 안전에 대한 믿음과 건강은 불가분의 관계를 맺고 있다. 나의 정신과 육체에 아무런 문제도 없다는 확신과 자신감이야말로 건강한 사람들의 가장 큰 특징이다. 건강과 자유 역시 밀접한 관계를 맺고 있다. 정신적 육체적으로 건강한 사람에게는 건강하지 못한 사람에게 허용되지 않는 많은 일들이 가능하다. 환자에게는 많은 자유가 – 자의든 타의든 – 박탈될 수밖에 없다. 정신적 육체적 안전에 대한 믿음과 자유가 허용되지 않는 상황에서 건강은 위협받지 않을 수 없다. 끝으로 자유 역시 안전에 대한 믿음의 바탕 위에 서 있다. 자신의 건강에 대한 믿음, 사회적 환경의 안정성에 대한 믿음 없이 자유로운 선택은 쉽지 않다. 이처럼 밀접한 관계를 맺고 있는 안전(에 대한 믿음)과 건강과 자유가 없이는 어떤 행복도 가능할 수 없다. "행복은 안전을 위협받지 않고, 강요당하지 않고, 육체적 고통과 정신적 괴로움이 없을 때 비로소 가능하다."[169]

행복한 삶의 영위를 위해서는 안전에 대한 최소한의 믿음과 건강, 그리고 자유가 필요하다. 이것은 분명한 사실이다. 그러나 이것만 가지고 행복한 삶의 영위가 저절로 가능한 것은 아니다. 이것들은 글자 그대로 '최소한의' 조건, 그것이 없으면 행복한 삶의 영위가 불가능하게 되는 소극적이고 형식적인 조건일 뿐이다. 그래서 셀은 행복의 적극적인 조건에 대한 물음을 던진다. 셀이 행복한 삶의 영위에 중요하다고 생각하는 네 가지 조건 혹은 행복한 삶이 추구해야 할 가치는 노동과 유대, 놀이와 관조이다.[170]

첫째, 행복한 삶의 영위를 위해서는 노동Arbeit이 필요하다.

여기서 노동이란 일정한 목적을 달성하기 위해 이루어지는 모든 종류의 활동을 말한다. 어떤 목적을 지향하는 활동이라고 해서 무엇이든 다 노동은 아니다. 세상에서 무엇인가를 이루거나, 만들려는 의도, 즉 목적 없이 그냥 좋아서 하는 활동은 노동이 아니다. 그렇다면 노동은 무엇이며, 노동은 왜 행복한 삶의 영위를 위해 반드시 필요한가? 일하지 않고도 사람은 얼마든지 행복하게 살 수 있고, 힘들게 일하지 않는 삶이야말로 행복한 삶이 아닐까? 행복한 삶을 영위하기 위해서 사람은 반드시 일을 해야 하는 것인가?

물론 노동 자체가 반드시 어떤 좋은 것이라 말할 수는 없다. 노동은 때로 강제된 것일 수 있고, 많은 경우 힘들고 고통스럽다. 따라서 노동 그 자체는 결코 행복의 필수조건이라고 말할 수 없다. 노동이 행복한 삶의 영위에 도움이 되려면 내가 어떤 일을 했을 때, 그 일의 결과가 바로 내가 원하는 것이어야 한다. 일을 하는 데에 들어간 노력과 수고가 나에게 보람을 느끼게 해준다면, 그 일은 내게 '좋은' 것이다. 어떤 일에서 내가 보람을 느낄 수 있으려면, 그 일의 결과가 일하는 과정에서 내가 실제로 도달하고 싶었던 바로 그것이어야 한다. 노동자가 노동하는 과정에서 스스로 원하는 목적과 결과를 향해 나아갈 수 있을 때만, 우리는 노동의 의미와 보람에 대해 말할 수 있다. 그러므로 노동자의 의지와 무관하게 강요된 노동, 즉 '강제노동'은 제아무리 그 결과가 좋더라도, 결코 좋은 노동일 수 없다. 노동자 자신의 자발적 동기와 의지에서 비롯된 노동만이 좋은 노동일 수 있다.

말하자면 노동의 목적이 노동의 바깥이 아닌, 그 안에 있는 노동이 좋은 노동이다. 노동의 목적이 노동자 자신의 삶과 동떨어져 있는 노동, 노동의 내부에서 노동자 자신의 삶이 아닌 다른 것이 실현되는 노동, 이른바 '소외된' 노동은 '나쁜' 노동이다. 오직 어떤 목표에 이르기 위한 노동, 오직 수단적 성격만을 가진 노동은 행복한 삶의 가능성을 차단한다. 목표에 도달하자마자 노동은 더 이상 필요하지 않게 되기 때문이다. "오직 노동의 충족만을 아는 사람은, 노동의 목표에 도달하지 못한다."[171] 그러므로 노동이 노동자에게 모든 것이 아니라는 사실은, 노동자의 삶에 대해 매우 중요한 의미를 가진다. 뿐만 아니라 노동 자체와 관련해서도 중요한 의미를 가진다. "노동의 성공에는 성공보다 더 많은 것이 담겨있다."[172]

둘째, 행복한 삶의 두 번째 조건 혹은 행복한 삶이 지향해야 할 가치는 타인과의 유대Interaktion이다. 타인과의 유대는 노동과 밀접한 관계를 맺고 있다. 왜냐하면 노동은 대부분 타인과 함께하거나, 타인을 위해 하는 활동이기 때문이다. 예컨대 교수의 강의는 학생과의 관계를 떠나서 이루어질 수 없고, 자동차 수리는 운전자를 위한 것이고, 음악 연주는 관객을 위한 것이다. 그러나 노동과 유대는 근본적으로 다르다. 노동이 어떤 외적인 목적의 실현을 위한 것이라면, 유대의 목적은 밖이 아니라 안에 있다. 즉 유대는 본질적으로 자기 목적적 성격을 가진다.

물론 노동도 자기 목적적일 수 있지만, 목적이 언제나 외부를 향한다는 점에서 유대와 다르다. 타인과 유대 관계를 맺는 목적은 언제나 관계 자체 안에 들어 있다. 타인과의 유대가 '자기 목적적'이라는 것은 타인과의 관계가 '전략적'이어서는 안 된다는 사실을 의미한다. 전략적 유대는 타인을 어떤 외적인 목적 실현을 위한 '수단'으로 삼는 것이다. 유대가 행복한 삶에 대해 가지는 중요성은 '우정'과 같은 현상에서 잘 드러난다. 어떤 것의 제작을 위한 활동poiesis과 달리, '우정'은 행복한 삶의 실현에 대해 큰 의미를 가진다. 이점을 플라톤과 아리스토텔레스는 분명하게 인식하고 강조한 바 있다. 타인과의 우정과 같은 유대 없이 행복한 삶의 영위가 어려운 것은, 우정이란 그것을 통해서 무엇을 얻기 위한 관계가 아니라, 그 자체가 인간에게 행복을 가능하게 해주기 때문이다.

타인과 우정의 관계를 맺는다는 것, 그래서 자기 자신과 세계와 조화를 이루며 살아간다는 것은 행복한 삶의 영위를 위해 반드시 필요하다. 왜냐하면 우정은 나와 타인 간에 이루어지는 상호 인정을 의미하기 때문이다. 상호 인정을 위해서 반드시 타인과 모든 면에서 '일치'할 필요는 없다. 서로 친밀한 관계를 유지하면서도 얼마든지 독립적인 태도를 취할 수 있다. 각자가 자유로운 개체로 존재할 때 오히려 상호 인정이 가능해진다. 또한 참된 유대는 상호 인정 외에 '책임'을 요구한다. 타인과의 유대가 파괴되는 것은 그 관계가 수단화될 때이다. 관계를 맺고 있는 두 사람 중 한 사람은 대화의 자세를 취하는데 다른 사람은 전략적 태도를 취한다면, 두 사람의 관계는 왜곡되게 마련이고, 결국 깨진다. 이런 관계 왜곡의 대표적인 경우는 바로 '거짓 약속'이다. '거짓 약속'을 한다는 것은 자기의 목적을 달성하기 위해 다른 사람을 수단화하는 것이다. 상대방을 이렇게 수단화하는 것은 두 사람 간의 유대 관계를 깨는 것은 물론이고, 관계 맺고 있는 사람마저 파괴할 수 있다.

행복한 삶의 세 번째 요소는 놀이Spiel이다. 인간의 두 가지 근본적인 행위방식으로서 노동과 유대 외에 놀이와 관조도 인간의 행복과 관련하여 중요한 의미를 가진다. 놀이와 관조가 중요한 것은 노동과 유대에서 발생하기 쉬운 병리적 징후에 대한 치료제 역할을 수행하기 때문이다. 우선 한 인간이 행복한 삶을 영위하기 위해서는 반드시 놀이의 차원이 허락되어야 한다. 셀이 말하는 놀이 개념의 범위는 매우 넓다. 일정한 규칙을 가진 좁은 의미의 놀이를 넘어서서 놀이 행위로 이해될 수 있는 모든 것을 포괄한다. 이런 넓은 의미의 놀이는 그 일차적 목적이 놀이 행위 자체 안에 들어 있으며, 행위 과정의 불확실성을 통해 비로소 놀이로서 성립된다.

셀이 말하는 놀이는 무엇을 말하는가? 셀에 의하면 우선 놀이는 '제한된' 시간 안에서만 가능하다. 놀이가 놀이일 수 있는 것은 놀이가 아닌 다른 삶의 부분이 존재하기 때문이다. 즉 인생 전체가 놀이일 수 없다. 인간이 놀이에 시간을 할애하는 것은 자기의 삶에 변화와 자극을 주고 싶기 때문이다. 이 변화와 자극은 운동과 같은 육체 활동일 수도 있고, 감정적 차원의 활동일 수도 있다. 놀이에서 중요한 것은 언제나 '현재', 즉 지금 '이 순간'이다. 놀이에서 중요한 것은 놀이를 통해 내가 무엇을 얻느냐가 아니라, 놀이가 지금 나에게 주는 자극 자체이다. 바로 여기에 노동과 놀이의 본질적 차이가 있다. 물론 놀이의 행위에서도 어떤 목적이 추구될 수 있다. 그러나 이 목적은 언제나 노는 자가 현재 직면한 현실의 변형과 변화에 있다. 놀이를 통한 현실로부터의 거리두기야말로 놀이의 목적이다. 즉 놀이를 통해서 잠시나마 현실을 떠나는 것이야말로 놀이하는 사람이 원하고 찾는 것이다. 그러나 이처럼 놀이를 통해서 현실로부터 거리를 두고 벗어나는 것은 놀이가 끝난 후 다시 현실로 복귀하기 위해서이다.

놀면서 사람은 일종의 예외 상황을 원한다. 현실의 변형을 통해 가능해지는 이러한 예외 상황은 새로운 도전과 가능성을 위한 새로운 현실을 열어 준다. 놀이는 달라진 현실과의 자발적 대결이다. 그렇기에 놀이는 늘 새로 시작할 수 있다. 모든 놀이는 시간적으로 길든 짧든 언젠가 반드시 끝난다. 끝난 놀이는 처음부터 다시 시작할 수 있어야 한다. 모든 놀이는 이처럼 반드시 새로 시작하는 다음 판이 있다.

놀이와 노동의 결합이 반드시 놀이의 왜곡을 의미하는 것은 아니다. 외재적 목적과 전혀 연결되어 있지 않을 때만 놀이가 가능한 것은 아니기 때문이다. 건강을 위해서 테니스를 하는 사람은, 건강이라는 목적을 가지고 있음에도 얼마든지 테니스를 놀이로 즐길 수 있다. 아니, 오히려 테니스를 놀이로 즐길수록 건강이라는 목적도 더 잘 달성될 수 있다. 놀이가 아닌 직업적 목적을 가지고, 돈벌이를 위해 운동을 하는 프로 선수들도 이와 마찬가지다. 프로 선수들의 직업적 성공은 즐겁게 연습하고, 즐겁게 플레이할 때 비로소 가능해진다. 프로 선수들이 자기가 하는 운동을 단지 돈벌이라는 목적을 위한 수단으로만 여기지 않을 때, 즉 돈벌이라는 목적과 운동이라는 놀이가 분리되지 않을 때, 비로소 직업적 성공도 가능한 것이다. 이것은 운동 아닌 다른 분야에도 두루 적용될 수 있을 것이다. 어떤 직업적 노동을 단순히 생계유지 수단으로만 삼는다면, 성공 가능성은 그만큼 낮아진다. 모름지기 노동은 그 자체로 즐거워야 한다. 그래야 직업적 성공도 가능해진다.

놀이의 종류와 기회는 매우 다양하다. 어린아이의 장난, 음악 연주와 감상, 연극 관람, 춤, 걷고 달리기 등 다양한 행위가 놀이에 포함된다. 놀이는 혼자서도 가능하고 여럿이도 가능하다. 놀이는 종교적일 수도 세속적일 수도 있고, 공적일 수도 사적일 수도, 직업적일 수도 단순한 취미나 여흥일 수도 있다. 놀이의 형태는 헤아릴 수 없을 만큼 다양하다. 때론 놀이가 노동일 수도 있다. 그러나 노동이 성공적일 수 있으려면 먼저 놀이로서 성공적이어야 한다.

행복한 삶은 반드시 '웃음'과 '휴식'을 위한 놀이의 가능성을 포함하고 있어야 한다. 놀이는 노동과 달리 목적을 자신 안에 가지고 있는 자기 목적적 행위이다. 그러므로 놀이는 어떤 유용성을 추구하는 여타 행위들과 달리 그 자체로 즐겁고 만족스럽다. 행위와 행위 주체 간의 괴리가 사라짐으로써 몰입이 가능해진다. 놀이는 빡빡하고 힘든 일상에 여유를 주고, 일상의 잡다한 근심으로부터 잠시나마 벗어날 수 있게 해준다. 이런 식으로 놀이는 노동을 보완한다.

넷째, 관조Betrachtung는 놀이와 함께 대표적인 자기 목적적 행위이다. 행복한 삶의 영위를 위해서는 현실과의 거리두기를 통한 관조의 차원이 열려있어야 한다. 셀이 말하는 관조는 고대 철학의 콘템플라치오contemplatio를 의미한다. 콘템플라치오는 – 아리스토텔레스가 말한 테오리아theoria 개념의 라틴어 번역으로서 – 어떤 대상에 대한 순수한 자기 목적적 사유 혹은 직관의 태도를 의미한다.

순수한 자기 목적적 행위로서의 관조는 – 놀이와 마찬가지로 – 어떤 가시적 성과를 추구하지 않는다. 관조에서 중요한 것은 그 행위에서 도달되어야 할 어떤 것이 아니라, 관조라는 특정 방식의 행위에 머무는 것이다. 관조는 어떤 대상에 관여하지 않고, 그것으로부터 거리를 둔다. 관조가 단지 '보는 것'하고만 관계하는 것은 아니다. 오히려 관조에는 '듣는 것'과 '느끼는 것'이 포함된다. "요컨대 순수한 관조는 이론적 혹은 감성적일 수 있고, 감각적 혹은 비감각적일 수 있고, 인식적 혹은 비인식적일 수 있다."[173]

명상Meditation과 달리 관조는 그 대상을 가진다. 관조는 어떤 대상과의 만남 자체에 집중한다. 이러한 만남 안에서 관조를 수행하는 사람은 그 대상의 의미를 깊이 이해한다. 관조를 통해 이루어지는 만남은 대화적dialogisch이지 않다. 관조의 대상은 대화 상대가 아니다. 관조의 대상은 관조자 자신에게 오히려 숙고와 침잠의 기회를 준다. 관조는 현실로부터 거리두기를 통해서 오히려 현실 안으로 들어가게 해주고, 더욱 현실을 잘 이해하고, 현실을 마주 대할 수 있게 해준다.

04

공동체, 인정, 호의, 공감

욕구의 충족과 쾌락의 향유를 통한 행복, 소망 충족과 목표 달성을 통한 자기실현의 행복은 '주관적' 차원에서 행복한 삶의 가능성을 묻는 것이고, 가치 추구를 통한 행복은 '객관적' 차원에서 행복한 삶의 가능성을 묻는 것이다. 왜냐하면 쾌락의 향유와 자기실현은 나의 '주관적' 욕구를 충족하고 나의 '주관적' 소망과 목표를 실현함으로써 가능하지만, 가치는 나의 개인적 욕구와 소망과 목표를 넘어서서 존재하는 보편적이고 초월적인 이상과 관계하기 때문이다.

한 개인의 욕구와 소망과 목표를 초월한 보편적 이상과 가치, 인간이라면 누구나 행해야 할 도덕적 당위에 대한 요구는 인간이 타인과 함께 살아갈 수밖에 없는 '사회적 존재'라는 사실에서 비롯된다. 인간이 타인과 함께 살아가는 존재가 아니라면 도덕규범은 필요하지 않을 것이다.

한 개인의 행복한 삶의 영위와 관련하여 도덕규범의 필요성에 이의를 제기할 사람은 없다. 그런데 문제는 나의 행복 추구와 만인에게 요구되는 도덕규범이 항상 일치하는 것은 아니라는 사실이다. 아니, 일치는커녕 – 우리가 살아가면서 늘 경험하듯이 – 나의 이익과 공동체의 이익은 서로 충돌하는 경우가 대부분이다. 여기서 우리는 윤리학의 핵심 물음에 봉착한다. 한 개인의 행복 추구와 관계하는 개인윤리와 공동체의 이익을 추구하는 공동체적 윤리 간의 대립은 어떻게 해소될 수 있는가? 한 개인의 이익 관심은 공익을 위해 얼마나, 어떻게 제한되어야 하는가? 타인의 행복을 위해 나는 나의 행복 추구를 단념해야 하는가?

여기서 유념해야 할 사실은 개인윤리의 관점과 사회윤리의 관점은 상호 양립 불가능한 대립 관계, 모순 관계가 아니라는 것이다. 물론 그렇다고 해서 양자의 입장이 같다는 것도 아니다. 개인윤리의 관심이 한 개인의 사적 행복이라면, 사회윤리의 관심은 개인을 넘어선 공동체의 이익, 즉 공동선과 도덕이기 때문이다. 도덕적으로 행위하는 사람은 자기의 행위와 관련된 모든 타인의 이익을 고려한다. 도덕적 행위가 고려하는 타인의 이익에는 동시대인은 물론이고 미래세대의 이익까지 포함된다. 그러므로 도덕적 행위에서 중요한 것은 나의 행위가 지금 당장 나에게 가져다줄 이익이 아니라, 나의 행위가 장차

가져올 결과에 대한 숙고이다. 도덕규범에서 벗어난 행위가 법적 처벌의 대상은 아니더라도 사회적 비난을 면하기 힘든 것은, 그것이 공동체의 가치를 훼손하거나 공동체 구성원들에게 직간접적 피해를 주기 때문이다.

한 공동체의 구성원들은 각자의 방식으로 자기의 고유한 행복을 추구하며 살아간다. 각 개인이 살아가는 방식과 행복을 추구하는 방식은 다양하지만, 자기의 즐거움과 이익과 행복을 추구한다는 점에서는 공통점을 가진다. 나의 행복 추구가 타인의 행복 추구를 방해하지 않기 위해서는 욕구와 소망과 목표 달성을 위해 힘껏 노력은 하되, 그러한 노력이 타인과 공동체에 끼칠 영향과 결과까지도 함께 고려하는 것이다. 말하자면 나의 행복을 추구하면서 다음과 같은 물음을 생략하지 말아야 한다. '나의 욕구가 어떤 성격을 가졌는가?', '나는 무엇을 소망하며, 왜 소망하는가?', '내가 추구하는 목표는 어떤 가치를 가졌는가?', '나의 목표는 궁극적으로 무엇을 위한 것인가?'라는 물음을 제기하고 성찰해야 한다. 이러한 물음과 성찰이 중요한 것은, 그것이 생략되면 나의 소망과 목표들 사이에 질서와 우선순위를 부여할 수 없게 되기 때문이다.

어떤 소망의 성취와 목표 달성의 '결과'가 한 개인에게 행복의 느낌을 선사한다는 것은 부인할 수 없다. 그렇다면 소망의 성취와 목표 달성에 실패한 사람은 반드시 불행한 것일까? 소망을 성취하고 목표를 달성하기 위한 '과정' 자체에서 자기실현의 행복을 경험할 수는 없는 것일까? 결과에 상관없이 최선을 다해 자신의 소망을 이루기 위해 노력한 사람만이 느낄 수 있는 후련함과 만족감은 또 다른 종류의 성취감일 수 있지 않을까?

이런 현상이 가능하기 위해서는 구성원 모두가 행복 추구의 결과에만 매달리지 않고 과정 자체를 즐기고 응원할 수 있는 여건이 공동체 내에 자리 잡아야 한다. 공동체 구성원 모두가 타인의 다양한 행복 추구 방식을 인정하고 존중하는 분위기가 형성되어야 한다. 어떤 소망이나 목표든 그 자체로 인정받고, 결과 아닌 과정으로 평가받을 수 있어야 한다. 물론 이러한 사회적 여건과 분위기가 저절로 형성될 수는 없다. 이런 일이 가능하기 위해서는 구성원 모두가 인간은 본질적으로 사회적 존재이며, 혼자서는 살아갈 수 없다는 사실을 이해하고, 구성원 간의 차이를 인정하고 존중할 수 있어야만 한다.

인간의 삶이 공동체 안에서 이루어지고, 공동체의 도움 없이는 누구도 생존할 수 없음은 두말할 필요가 없다. 자기의 욕구 충족을 위해 필요한 것은 무엇이 됐건 공동체 안에서 타인과의 협업을 통해 만들어진다. 개인에게 공동체가 필요한 것은 단지 자신의 욕구 충족 때문만은 아니다. 공동체 안에서 이루어지는 타인과의 친교는 내가 외롭지 않게 해줄 뿐만 아니라, 내가 타인을 위해 무언가 "필요한 일을 해야 할 좋은 이유"[174]를 제공해 준다. 공동체 안에서 타인과 함께 살아가려면 나에게 필요한 일만이 아니라, 구성원 모두에게 구속력을 가진 도덕적 규범과 가치를 받아들여야 한다. 왜냐하면 도덕적 규범과 가치는 "공동체 형성의 규칙"[175]이기 때문이다.

공동체가 먼저 있고, 나중에 도덕적 규범과 가치가 만들어지는 게 아니다. 오히려 소속 구성원들이 공유하는 가치와 세계관의 토대 위에서 교회, 대학, 정당 등의 공동체가 비로소 만들어진다. 그러므로 공동체 구성원들 모두가 인정하는 가치와 도덕적 규범을 지키지 않을 때 공동체의 붕괴 위기가 찾아올 뿐만 아니라, 개인의 행복 추구마저 힘들게 된다. 에피쿠로스의 가르침대로 혼자서 행복을 추구하며 살아가는 사람이라도 공동체를 완전히 떠날 수는 없다. 진정한 자기실현의 행복은 "개인의 삶이 보편적이고 이성적인 문제를 지향할 때"[176] 비로소 가능해진다.

여기서 '보편적이고 이성적인 문제'란, 예컨대 환경위기의 문제라든가, 기아와 전쟁과 같은 문제를 말한다. 진정한 행복은 단순히 나의 개인적인 욕구나 소망, 목표의 달성만이 아니라, 그것을 넘어서 있는 보다 '보편적이고 이성적인' 문제에 대한 고민을 요구한다. 자기를 실현하고 행복한 삶을 영위하고픈 사람은 개인을 넘어서는 목표들을 지향해야 한다. 캄바르텔Friedrich Kambartel은 이러한 방식의 삶을 일컬어 '이성적 삶'이라 한다. "본질적이고 실천적인 의미에서 우리 자신에 도달하기 위해서는 [개인의] 주체성을 넘어서지 않으면 안 된다. 나는 이러한 생각을 좋은 삶의 이성적 개념, 이성적 삶에 대한 통찰에서 비롯된 삶이라 부르고 싶다. (...) 이성적인 삶은 타인과 목표를 공유하는 좋은 삶이다."[177] 물론 여기서 우리는 물을 수 있다. 나의 자기실현이 왜 나를 넘어서는 보편적인 목표와 관계해야 하는가? 이 물음에 대해 토이니쎈Michael Theunissen은 이렇게 반문한다. "이웃과의 평화 없이 나 자신과의 평화가 가능한가? 세계의 불화 속에서 어찌 나의 내면적 평화가 지속될 수 있는가?"[178]

개인의 행복 추구가 개인을 넘어서서 공동체와 관계하지 않을 수 없음, 특히 공동체의 전통과 가치의 중요성을 강조하는 입장은 공동체주의Kommunitarismus에서 발견된다. 공동체주의자들은 공동체가(예컨대 가족 공동체) 개인의 행복 실현에 지대한 영향을 끼친다고 본다. 미국에서 시작된 공동체주의 사상의 출발점은 서구사회의 원자화된 개인주의가 안고 있는 문제의 해결이다. 무분별한 자유주의는 한 개인을 가족과 전통에서 떼어놓고, 사회적 고립을 가속화시킨다. 한 개인의 정체성은 그가 공동체 내에 뿌리내릴 때만 가능하다. 한 개인의 자유 확대가 개인의 행복 증대를 가능케 한다는 자유주의자들의 믿음은 커다란 착각이다. 왜냐하면 어떤 구속이나 의무도 없는 방종은 결코 참된 의미의 자유가 아니기 때문이다.

공동체주의적 관점에서 볼 때, 삶의 가능성이 너무 많이 열려있거나, 사교육 시장의 과도한 팽창처럼 교육 기회가 무분별하게 증가하는 것은, 한 개인의 삶을 불안정하게 하고, 각종 부담과 소외를 초래한다. 이런 이유로 테일러Charles Taylor는 개인의 자유가 비의존성의 자유로 왜곡되지 않아야 한다고 주장한다. 행복한 삶의 실현에 필요한 것은 어떤 구속에서 벗어나는 '소극적' 자유가 아니라, '적극적' 자유이다. 행위의 자유보다 의지의 자유가 더 중요하다. 의지의 자유적극적 자유를 가지기 위해서는 공동체와의 관계가 꼭 필요하다. 이러한 의미의 "자유는 최소한 부분적으로나마 공동의 삶에 대한 집단적 통제에 근거한다."[179]

테일러는 '강한' 가치와 '약한' 가치를 나눈다. 강한 가치와 약한 가치 중 어떤 가치를 자신의 욕구 대상으로 삼을 것인지 숙고하고 결정해야 한다. 이러한 결정은 어떤 외적 기준에 의해서가 아니라, 그가 무엇을 가치로 여기느냐에 따라 이루어진다. 보다 '강한' 가치가 선택의 기준이 된다. 강한 가치는 "옳음과 그름, 좋음과 나쁨, 높음과 낮음 사이의 구분"의 근거이며, 나의 선택이 '주관적' 소망과 성향에 의해 자의적으로 이루어지지 않도록 한다. 나의 '주관적' 소망을 결정하는 '기준'이 바로 강한 가치이다. 그러므로 중요한 것은 나의 소망이 얼마나 강하냐가 아니라, 어떤 이상 혹은 가치가 삶에서 얼마나 중요한 의미를 차지하느냐이다. 어떤 인간도 이런 의미의 '강한' 가치를 스스로 만들어 낼 수 없다. '강한' 가치는 한 개인의 전유물이 아니라, 그가 속한 사회와 공동체적 전통의 산물이기 때문이다. 한 개인은 그에게 언제나 이미 주어져 있는 전통적 가치의 틀 안에서 존재하며, 그 안에서 자기의 행복한 삶을 추구할 수 있을 뿐이다.[180]

무엇이 중요하고 무엇이 사소한지, 무엇이 옳고 무엇이 그

른지, 어떤 삶이 인간다운 것인지에 대한 한 개인의 생각은 그가 몸담고 살아가는 공동체의 전통이나 가치와 맺고 있는 불가분의 관계 속에서 형성된다. 예컨대 어떤 음악가도 자신이 태어나서 자란 곳의 음악 전통을 떠나서 갑자기 자신만의 독창적인 음악을 창조할 수 없다. 그가 '좋은' 음악에 대해 가진 생각은 결코 자기 혼자 만들어 낸 게 아니기 때문이다. 음악에 대해 가진 그의 생각은 그가 다녔던 학교와 그가 활동하는 음악계와 동떨어져 따로 존재하지 않는다. 이것은 음악이나 미술 등 예술에만 국한되지 않고, 인간의 삶 전체가 한 공동체의 역사적 전통 속에서 형성된다.

테일러Charles Taylor는 인간적 행복의 이러한 공동체적-역사적 성격을 보여주기 위해 현대인의 내적 본성, 즉 - 그의 표현을 빌리자면 - "직관적 도덕적 표상과 영적 표상"[181]을 탐구한다. 이러한 표상들은 - 그의 생각에 의하면 - 옳음과 그름의 구분을 가능하게 할 뿐만 아니라, 개인적 소망에 대한 가치평가까지도 가능하게 해준다. 물론 이 표상은 한 개인의 소망에 의존하지 않고, 그것으로부터 독립하여 그 자체로 존재한다. 이러한 표상들은 행복한 삶의 영위에 필요한 배경으로서 일정한 질서 체계를 이루고 있다. 테일러는 이러한 표상들 가

운데 최상위 표상들을 일컬어 "지고선Hypergüter"이라 부른다.[182]

지고선은 최상위 가치척도로서 행복의 척도 역할을 한다. 한 인간이 삶 안에서 자신의 지고선을 실현하느냐 여부가 그의 삶의 좋고 나쁨의 여부, 즉 행복과 불행에 대한 판단을 가능하게 한다. 그런데 인간은 언제든 '무엇이 좋은가?'와 관련하여 오판할 수 있고, 그 결과 좋지 않은 것을 좋은 것으로 여기고, 삶의 척도로 삼는 잘못을 범할 수 있는 존재이다. 지고선이 이런 오판 속에서 실현될 경우, 지고선은 인간을 '좋은 삶'이 아니라 오히려 '나쁜 삶'으로 이끌게 된다. 그러므로 진정한 의미에서 행복하고 좋은 삶의 영위를 위해서는 좋음을 '실제로' 내포하고 있는 지고선이 실현되어야 한다. 지고선이 '실제로' 좋은 것인지 여부를 판단하기 위해서는 그것에 대한 면밀한 검토와 평가가 반드시 필요하다. 하나의 지고선이 다른 지고선에 대해 가지는 상대적 우월성이 평가될 수는 있지만, 그렇다고 해서 그것의 절대적 정당성이 확보되는 것은 아니기에, 보다 나은 삶을 향해 노력하는 자는 '선하다'라고 믿는 가치에 대한 검토를 한시도 게을리해서는 안 된다. "우리는 명백한 것을 다시 발견하고, 근대적 도덕의식의 중층적 억압으로부터 벗어나기 위해 치열하게 노력해야 한다."[183]

매킨타이어Alasdair MacIntyre는 개인과 공동체의 관계를 이렇게 간명하게 표현한다. "개인적 선의 추구는 일반적으로 전통에 의해 정의된 맥락 안에서 이루어진다."[184] 행복한 삶의 추구는 개인을 넘어선 보편적 서사의 지평 위에서만 가능하다. 개인적 삶의 역사는 그가 속해있는 공동체적 역사의 일부로 존재한다. 그러므로 한 개인은 '무엇이 행복한 삶인가?'라는 물음에 대한 대답을 혼자서 찾을 수 없다. 왜냐하면 개인은 언제나 이미 누군가의 딸 혹은 아들로서, 이런저런 도시의 시민으로서, 이런저런 직업군의 구성원으로서 존재하고 있기 때문이다. "나는 누군가의 아들 또는 딸이고, 누군가의 사촌 또는 삼촌이다. 나는 이 도시 또는 저 도시의 시민이며, 이 동업조합 또는 저 직업집단의 구성원이다. 나는 이 씨족에 속하고, 저 부족에 속하며, 이 민족에 속한다. 그러므로 나에게 좋은 것은 이러한 역할들을 담당하는 누구에게나 좋아야 한다. 이러한 역할의 담지자로서, 나는 나의 가족, 나의 도시, 나의 부족, 나의 민족으로부터 다양한 부채와 유산, 정당한 기대와 책무들을 물려받는다. 그것들은 나의 삶의 주어진 사실과 나의 도덕적 출발점을 구성한다."[185]

공동체주의자들도 행복이 각 개인의 자유로운 선택과 결

정과 무관하다고 보지 않는다. 그러나 공동체주의적 관점에서 볼 때 선택의 자유보다 더 중요한 것은 그 기준과 목표이다. 그리고 어떤 목표가 중요한가 하는 것을 결정하는 것은 개인이 아니다. 목표의 중요성 여부에 대한 판단에서 개인은 "최고 권위를 가지지 않는다."[186]

행복한 삶을 영위하기 위해서 반드시 어떤 도덕 이론을 알아야 하는 것은 아니다. 그러나 이것이 행복한 삶과 도덕이 무관함을 의미하지는 않는다. 중요한 것은 행복과 도덕이 서로 어떤 관계를 맺고 있느냐 하는 것이다. 도덕적이지 않고는 결코 행복한 삶의 영위가 가능하지 않다고 보는 입장은 고대 윤리학, 특히 플라톤적 입장의 본질적 특징이다. 삶의 '좋음'과 도덕적 '선' 사이의 관계에 대한 물음, 즉 양자가 얼마나 일치하는가, 일치한다면 얼마나 그러한가에 대한 물음은 철학적으로 매우 중요하고도 흥미롭지만, 또 그만큼 어렵기도 하다.

행복한 삶과 도덕적 선 사이에 긴밀한 관계가 성립하지 않을 수 없는 이유는, 타인과의 유대 없이는 삶의 영위 자체가 어렵기 때문이다. 타인과의 유대가 도덕에 기반하지 않을 때, 그 유대 관계는 유지되기 힘들고, 파괴된 유대는 행복한 삶의 영위를 불가능하게 만든다. 왜냐하면 인간은 본질적으로 '함께 있음공존'이기 때문이다. 타인과의 진정한 유대는 상호 간의 신뢰와 인정을 기반으로 해서만 가능하다. 서로 간의 인격에 대한 도덕적 인정과 존중 없이는 좋은 삶 자체가 불가능하다.[187]

누군가를 나의 목적 달성에 필요한 수단으로 대하지 않고, 마음을 나누는 소통의 대상으로 삼는다는 것은, 이미 그 사람과의 관계가 도덕적이고 인격적임을 의미한다. 왜냐하면 상대방의 인격에 대한 존중 없이는 그 어떤 소통도 불가능하기 때문이다. 타인과의 도덕적 관계에 기반을 둔 인격적 존중과 소통은, 상대방을 수단화하지 않겠다는 '암묵적 약속'을 전제하고 있다. 이 약속에 대한 믿음이 두 사람 간의 소통의 버팀목이다. 상대방이 나를 수단 아닌 자체 목적적 존재로 인정하고 있다는 사실에 대한 서로 간의 믿음이 '좋은' 연대를 가능케 하고, 이러한 연대가 각자의 좋은 삶을 가능하게 한다. 말하자면 상대방이 나를 속이고 있지 않다는 사실에 대한 믿음, 상대방의 인격에 대한 도덕적 신뢰에 금이 갈 때, 모든 연대는 깨지게 된다. 만약 그러한 신뢰가 없는데도 연대를 지속한다면, 그것은 '전략적' 동반 관계에 지나지 않는다. 나의 이익에 도움이 되기 때문에, 서로 상대방을 수단화할 뿐, 그 이상의 의미는 더 이상 존재하지 않는다.

타인과의 도덕적 연대는 행복한 삶의 실현에 대해서 매우 중요한 의미를 가진다. 그러나 타인과의 도덕적 연대가 행복한 삶의 중요한 구성요소라는 사실이, 연대 없이는 행복한 삶의 영위가 가능할 수 없음을 의미하지는 않는다. 왜냐하면 타인과의 연대를 '자발적으로' 거부하는 사람도 있고, 이런 사람에게도 행복한 삶의 가능성은 열려있기 때문이다. 물론 모든 종류의 '타인과의 단절'이 행복한 삶일 수는 없다. 좌절과 절망 때문에 원치 않는 고립 속에 놓인 사람의 삶을 '좋다'라고 말할 수는 없다. 그렇기에 셀Martin Seel은 은둔의 종류를 두 가지로 나눈다. 타인과의 연대를 끊고 은둔자적 삶을 사는 것은 '결단으로부터' 나온 것일 수도 있고, '절망으로부터' 나온 것일 수도 있다.[188]

자발적 결단에서 비롯된 은둔과 절망에서 비롯된 은둔의 차이는, 연대의 능력을 전자가 가지고 있는데 반해, 후자는 그 능력을 상실하고 있다는 것이다. 자발적 은둔사는 본인의 일이나 관조적 삶의 방식의 유지와 집중을 위해 타인과의 연대를 잠정적으로 유보하고 있을 뿐이다. 자발적 은둔자가 자발적으로 연대를 포기하고 은둔을 선택한 것은, 자기의 일이 '고

독'과 '단조로움'을 요구하기 때문이다.

이처럼 삶의 방식에 대한 한 개인의 자유로운 선택은 공동체적 가치와 반드시 대립하는 게 아니다. 개인은 공동체의 한 구성원으로서 자기를 넘어선 가치를 존중하면서도 얼마든지 '자유롭게' 자신만의 삶의 방식을 선택하고 결정한다. 물론 이러한 선택과 결정에서 타인의 인정은 매우 중요한 역할을 한다. 공동체 구성원들 간의 상호 인정 없이는 어떤 행복한 삶도 가능하지 않다.

'인정Anerkennung'은 독일관념론, 특히 피히테와 헤겔에 의해 강조된 바 있다. 인정은 "참된 존경으로 각인된 관계"[189]로서, 상호 도덕적 관계 맺음을 위한 필수조건이다. 타인에 대한 인정 없이는 어떤 도덕적 상호 관계도 불가능하다. 타인에 대한 인정 혹은 상호 존중은 "도덕의 핵심"이다.[190] 그렇다면 이러한 '상호 인정'은 개인의 인간답고 행복한 삶에 대해 얼마나 중요한 것인가?

한 개인의 행복한 삶을 위해 도덕적 상호 인정이 필요하다는 것은 의심의 여지가 없다. 타인을 수단화하지 않고 인격으로 인정하고 존중하는 것, 상호 간의 신뢰는 모든 인간관계의 기본이기 때문이다. '인정'을 중요한 철학적 문제로 부각한 사람은 호네트Axel Honneth이다. 호네트에 의하면 인간은, 능력이나 성격과 관련하여 타인의 인정을 받을 때, 자기 자신과 긍정적인 관계를 맺게 된다.[191] 타인의 인정은 강한 자신감과 내적 안정을 불러일으킨다. 반대로 타인의 인정을 받지 못하면 자신감이 떨어지고 자기실현의 가능성도 저하된다. 외부의 인정은 내적 자신감의 조건이다.

개인의 행복을 위해 타인의 인정이 얼마나 필요한지에 대해서는 의견이 나뉜다. 셀Martin Seel은 타인의 인정이 행복의 제한적 조건에 불과하다고 본다. 타인의 인정이 나의 행복 실현에 도움을 주긴 하지만, 모든 타인의 인정이 필요하지는 않다는 것이다. 예컨대 가족이나 가까운 동료처럼 소수의 인정이 필요할 뿐이다.[192] 호네트의 생각은 다르다. 호네트는 인정의 범위를 크게 세 가지로 구분한다. 첫 번째 인정은 개인적 차원의 인정이다. 가족 등 가까운 범위의 타인에게서 받는 정서적 차원의 인정을 통해서 한 개인은 자기실현의 자신감을 얻는다. 두 번째 인정은 법적 차원의 인정이다. 법적 차원의 인정은 안정감의 근거이다. 세 번째 인정은 사회적 차원의 인정이다. 사회적 인정은 한 개인의 높은 자존감의 원천이다. 이렇게 한 개인의 행복이 실현되기 위해서는 가족 단위의 일차적 인정

은 물론이고, 법적-사회적 차원의 인정이 필요하다.[193]

플라톤 이래 철학자들은 언제나 비도덕적 행위가 개인의 행복 실현을 방해한다고 주장해왔다. 비도덕적 행위가 밖으로 드러나지 않더라도 그렇다는 것이다. 왜냐하면 나쁜 짓을 한 사람은 '영혼의 건강'을 잃어버리기 때문이다. 몰래 속임수를 쓰거나, 범죄를 저지른 사람은, 자신의 행위가 발각될까 봐 언제나 두려움에 떨게 된다. '기게스의 반지'를 소유한 사람은 발각의 가능성이 주는 불안감을 떨칠 수 없다. 아직 체포되지 않은 도둑이나 기타 범죄자들이 늘 불안에 떨고, 심각한 경우 정신질환을 앓게 되는 것은 우연이 아니다. 이런 사람들은 타인과 상호 인정에 기반한 우정을 맺지 못한다. 상호 간의 신뢰와 인정의 결여는 타인과의 우정만이 아니라, '자기 자신과의 우정'도 불가능하게 만든다.

공동체 안에서 이루어지는 행복한 삶의 조건으로서 어떤 이들은 '공감Symphathie' 혹은 '호의Wohlwollen'에 주목한다. 타인에 대한 공감과 호의에 기반한 윤리학은 인간의 이성보다 감정을 강조한다. 인간이 '도덕 감정moral sense'을 갖고 있다는 생각은 18세기의 샤프츠베리Anthony Ashley Shaftesbury, 허치슨Francis Hutcheson, 스미스Adam Smith, 흄Davie Hume이 대표하는 도덕 감정 이론까지 거슬러 올라간다. 이들은 도덕적 행위의 원천이 도덕 감정에 있다고 믿었다. 도덕 감정은 공감 혹은 호의의 감정에 근거한다. 말하자면 공감과 호의는 나 자신만이 아니라 타인의 행복에도 도움이 되는 행위의 동기를 부여한다. 이런 관점에서 보면 자기의 행복을 위해서는 타인의 수단화가 불가피하다는 생각은 근본적으로 잘못된 것이다.

슈패만Robert Spaemann에 의하면 호의 없이는 어떤 행복도 가능할 수 없다. 슈패만에게 호의란 타인에게 좋은 것을 – 내가 아닌 – '타인을 위해' 원하고 행하는 태도를 의미한다. 호의의 관점에서 볼 때 중요한 것은 유용성이나 대가가 아니다. 타인에 대한 진심 어린 호의는 참된 우정 혹은 사랑과 다르지 않다. 단순한 감정적 호의가 아닌 타인을 위한 헌신적 사랑 안에서 "욕구와 당위의 대립은 사라지고, 행복이 가능해진다."[194]

회페Otfried Höffe도 인생에서 차지하는 우정과 사랑, 연대의 중요성을 강조한다. "우리는 자기 이익을 자기 망각의 형태로 추구해야 한다."[195] 이타주의와 달리 호의는 타인의 목표를 위해서 자기의 이익을 희생하거나 포기하지 않는다. 오히려 호의는 자기중심적 이기주의와 타인 중심적 이타주의의 중간을 선택한다.

물론 호의에 기반한 윤리학의 협소함을 비판하는 사람들도 있다. 호의와 사랑에 기반한 행위의 범위가 너무 좁다는 이유에서다. 그러나 이런 비판은 호의의 보편성을 간과하고 있다. 호의와 사랑의 대상은 가장 가까운 이웃을 넘어서서 가장 멀리 떨어져 있는 존재일 수도 있기 때문이다. 물론 이런 생각은 환경문제와 같은 전지구적 문제에 대한 관심과 참여가 개인의 행복 증진에 도움이 된다는 주장만큼이나 터무니없다는 재반박을 불러일으킬 수 있다. 도덕 감정이 행복 증진에 도움이 된다는 윤리학자들의 주장에 좀처럼 힘이 실리지 않는 것은, 오늘날 우리는 '사랑의 질서ordo amoris'에 대한 믿음을 더 이상 가지고 있지 않기 때문이다. 그러나 슈패만이 말한 '연대'는 가족과 우정을 넘어서서 호의의 범위가 어디까지 확대될 수 있는지를 보여준다는 점에서 시사하는 바가 크다. 왜냐하면 그가 말하는 연대는 "자기가 속한 진영, 계급, 피억압자 혹은 인류 전체에 대한 호의"[196]를 의미하기 때문이다.

물론 호의와 공감에 기반한 윤리학의 일시성, 우연성, 편파성을 지적할 수도 있다. 공감은 언제든 반감으로 변할 수 있고, 호의 역시 언제든 적의로 바뀔 수 있다. 우정에 금이 가거나, 공동체의 연대가 깨지면, 그동안의 조화와 평화도 온데

간데없이 사라져버린다. 호의의 감정적 편파성과 자의성은 '호의의 윤리학'에 도덕적 타당성을 부여할 수 없도록 만든다. 그러나 이것은 호의가 가진 인지적 요소들을 무시하고, 단지 그것을 감정적 상태로만 바라보기 때문이다. 바로 이 지점에서 크래머Hans Krämer는 감정윤리학이 빠져 있는 딜레마를 지적한다. 개인의 욕구와 도덕적 당위 간의 괴리가 사라지는 것은, 도덕 감정을 가지겠다는 결단에 의해서가 아니라, 그냥 그것을 자연스럽게 가질 때 뿐이다. 즉 도덕적 태도를 억지로 강요하는 한 욕구와 당위 사이의 괴리는 제거될 수 없다.[197]

예컨대 적을 포함한 모든 타인에 대한 사랑을 요구할 경우 개인의 이익 관심 내에서 선행이 얼마만큼의 자리를 차지해야 하는지 가늠할 수 없게 된다. '사랑의 질서ordo amoris'라는 형이상학적 요청은 아무런 도움도 되지 못한다. 도덕 감정은 윤리학의 대상이 아니다. 도덕 감정은 자연스럽게 생겨날 뿐, 윤리학의 요청 대상이 아니다. '공감의 윤리학'이라는 표현 자체가 모순이다. 그렇다면 이러한 모순과 딜레마에서 벗어날 수는 없을까?

유일한 탈출 가능성은 호의를 감정이 아니라 '덕'으로 해석하는 것이다. 여기서 우리는 호의를 덕으로 이해하고 우정의 영역에 제한했던 아리스토텔레스를 소환할 수 있다. 호의를 감정의 차원에 둘 것인가 아니면 덕의 차원에서 이해할 것인가는 현대 윤리학의 가장 큰 논란거리 중 하나이다. 아리스토텔레스적 관점에서 볼 때 호의는 이기적 자기중심성과 이타적 자기희생 사이의 중도를 의미한다. 이런 호의의 덕을 구비하기 위해서는 자기초월과 감정이입의 능력, 타인의 이익관심에 대한 인지능력을 기르는 훈련이 필요하다. 타인은 단지 나의 이익을 위한 수단이 아니라, 그 자체로 목적이라는 사실을 깨달아야 한다. 타인 안으로 들어가고, 타인과 하나됨으로써 그의 운명을 나의 것으로 만들 수 있다. 호의를 통해서 타인의 목표를 마치 자신의 목표인 양 추구한다. 선천적으로 타고난 호의와 이타적 성향은 적절한 교육을 통해서 더욱 계발될 수 있다.

윤리적 관점에서 볼 때 이런 식으로 습득된 호의의 덕은 의심의 여지 없이 환영할 만한 것이다. 자신의 목표와 타인의 목표 간에 적절한 관계가 형성되기 때문이다. 그러나 타인의 감정을 배려하고, 타인의 이익을 자신의 이익인 양 존중하는 것이, 자기의 행복 증진을 반드시 보장해주는 것일까? 물론 아리스토텔레스와 그의 후예들은 유덕한 행위를 하는 사람이 행복한 것은, 유덕한 행위 자체가 즐거움을 가져다주기 때문이라고 말할 것이다. 그러나 행복과 호의가 서로 손을 잡을 수 있는 것은 오직 호의의 대상이 가치 있다고 판단될 경우이다. 선 자체를 위해 타인에게 선행을 베풀기도 하지만, 사랑하는 사람이기 때문에 선행을 베풀기도 한다. 호의에서 나온 행위가 행복 증진에 도움이 되려면, 타인의 목적에 이익이 될 뿐만 아니라, 행위자 자신의 이익에도 도움이 되어야 한다. 그렇지 않으면 호의에서 나온 행위를 하고도 결과적으로 후회하는 일이 발생하게 된다. 시쳇말로 '물에 빠진 사람 건져 주니 보따리 내놓으라'고 하는 상황이 벌어지는 것이다.

호의의 덕이 호의적 행위의 전제조건이고, 호의적 행위 안에서 '나와 타자' 사이의 조화가 가능하다 하더라도, 호의적 행위가 반드시 나의 삶을 행복으로 안내한다는 보장은 없다. 호의를 베푸는 대상과의 지속적인 호의와 배려의 관계가 가능하기 위해서는, 상대방과 일체감을 유지해야 한다. 이러한 일체감 안에서만 타인의 이익과 행복을 위한 도덕적 행위와 나의 자아실현을 위한 노력이 충돌하지 않을 수 있다. 즉 타인의 행복과 나의 행복이 하나가 될 수 있다. 타인과 '즐거움을 나누면 두 배로 커지고, 고통을 나누면 반으로 준다'라는 말이 실현되는 것이다.

나가는 말

Epilogue

'어떻게 살아야 하는가?' 혹은 '무엇을 위해 살아야 하는가?'라는 물음은 우리의 인생 전체를 관통해서 제기되는 근본 물음이다. 모든 인간은 살면서 예외 없이 이 물음과 싸워야만 한다. 왜냐하면 인간은 유일하게 자기를 의식하는 존재이며, 인간에게는 단 한 번의 삶의 기회가 주어졌을 뿐이기 때문이다. 나에게 주어진 삶의 유한한 시간과, 길든 짧든 '임박한' 죽음 앞에서 나는 매 순간 삶의 특정 가능성과 특정 방식을 선택해야 한다. 그리고 선택되지 않고 남은 모든 다른 가능성을 버려야 한다. 이렇듯 한 가능성의 선택은 필연적으로 다른 모든 가능성의 포기를 수반하기에, 삶의 모든 선택은 언제나 누구에게나 크든 작든 어렵고도 두려운 일로 다가온다.

'어떻게 살아야 하는가?'라는 물음에 대한 어쩌면 가장 단순하면서도 형식적인 대답이 있다면 아마도 그것은 '행복하게 살아라!'일 것이다. 문제는 어떤 삶이 '행복한 삶'이며, 무엇이 이러한 삶을 가능하게 하느냐이다. 무엇을 나의 삶의 목표로 삼고 어떤 가능성의 실현을 위해 노력하고 추구할 것인가? 삶의 어떤 목표와 어떤 가능성의 추구가 한 인간의 행복 실현을 가능하게 하는지, 어떤 삶의 방식이 나 혼자만이 아니라 타인과 함께 행복할 수 있는지를 탐구하는 것은 고래로 철학, 특히 윤리학의 가장 중요한 과제이다. 나 혼자만의 행복이 아니라 우리 모두의 행복이 함께 실현될 수 있으려면 '도덕'이 필요하다. 나 혼자만의 행복을 위해서라면 나의 개인적 이익과 욕망만 추구하면 되겠지만, 타인과 더불어 행복하기 위해서는 타인의 이익과 욕망도 함께 고려해야 한다.

인생은 선택의 연속이다. 내 앞에 열려있는 많은 가능성 가운데 하나를 나는 선택하지 않을 수 없다. 아무것도 선택하지 않는 것 역시 또 다른 선택일 뿐이다. 내가 아무것도 선택하지 않겠다는 것은, 아무 행위도 하지 않음으로써 나를 둘러

싼 상황이 그냥 흘러가도록 놔두겠다는 매우 소극적인 결정을 의미하기 때문이다.

인생은 선택의 연속일 뿐만 아니라, 매 순간 제기되는 '물음'의 연속이기도 하다. 우리가 살아가면서 던지는 수많은 물음 중에는 '오늘은 무엇을 먹을까?' '무엇을 입을까?' '공부와 게임 중 무엇을 할까?'와 같은 일상적인 물음도 있지만, 인생 전체의 방향과 관련된 물음도 있다. 예컨대 '대학에서 무엇을 공부할까?', '대학을 졸업한 다음 어떤 직업을 가질까?', '결혼해서 아이를 낳아 기를까?', '가정을 이루지 않고 자유롭게 혼자서 살아갈까?' 등이 그렇다. 이 모든 물음의 정점에 '어떻게 살아야 하는가?'가 놓여 있다. 내가 살면서 제기하는 모든 물음은 궁극적으로 '어떻게 살아야 하는가?'라는 물음으로 통하기 때문이다.

어떤 가능성을 선택하든 선택된 가능성은 행위로 이어진

다. 선택 자체가 넓은 의미에서 행위이다. 그러므로 인생은 선택과 물음의 연속이자 행위의 연속이기도 하다. '어떻게 살아야 하는가?'라는 물음은 결국 '무엇을 선택할 것인가?'이며, 이 물음은 동시에 '어떻게 행위할 것인가?'라는 물음이기도 한 것이다. '어떻게 행위할 것인가?'라는 물음은 철학, 특히 실천철학 혹은 윤리학의 근본물음이다. 윤리학은 '실천적 당위'에 대해 묻는다. 인간은 자신 앞에 열려있는 모든 가능성을 선택의 대상으로 삼을 수 있다. 하지만 그의 모든 선택이 언제나 윤리적 정당성을 가지는 것은 아니다. 말하자면 나는 나의 삶의 가능성 가운데 하나의 가능성을 선택하고, 그 선택에 따라 행위할 수 있지만, 나의 선택과 행위가 늘 '옳은' 것은 아니다. 나의 선택과 행위가 늘 나의 '행복한' 삶의 영위에 도움이 되고, '좋은' 것도 아니다. 바로 여기에 우리의 고민이 있고, 우리가 살면서 '어떻게 살아야 하는가?'라고 묻지 않을 수 없는 이유가 있다. 우리가 이렇게 행복하게 '잘' 살고 싶어 하는 마음을 가지고 있지 않다면 '어떻게 살아야 하는가?'라고 물을 필요도 없을 것이다.

얼핏 보기에 사소하지만 조금만 자세히 들여다보면 물음을 제기하는 사람의 삶에 대해서 매우 심각한 의미를 가진 물음들이 많다. 예컨대 앞에서 언급한 '공부와 게임 중 무엇을 할까?'와 같은 물음이 그렇다. 이 물음은 어쩌면 지금 물음을 던지고 있는 사람이 하는 공부가 적성에 맞지 않아서인지도 모른다. 적성에 맞고 재미가 있다면 이런 물음을 던질 필요가 없을 것이다. 그러므로 이런 물음을 자주 던지는 사람이라면 '내가 하는 공부가 나의 적성에 맞는가?'라는 물음을 더 늦기 전에 심각하게 던져봐야 한다. 그리고 이 물음은 '그렇다면 나는 어떤 직업을 가져야 하는가?'라는 물음으로 이어질 것이고, 다시 이 물음은 '어떤 일을 하면서 살아야 하는가?'를 거쳐 결국 '도대체 나는 어떻게 살아야 하는가?'라는 근본적인 물음으로 이어진다. 요컨대 일상에서 우리가 던지는 '무엇을 선택할 것인가?', '무엇을 할 것인가?'와 관련된 많은 질문은 궁극적으로 '어떻게 살아야 하는가?'라는 물음으로 환원될 수밖에 없다.

이 책은 이처럼 인생의 가장 근본적인 물음인 '어떻게 살아야 하는가?'에 대한 철학자들의 다양한 견해를 몇 가지 키워드로 유형화하여 정리해본 것이다. 필자가 선택한 첫 번째 키워드는 '쾌락', 두 번째 키워드는 '자기실현', 세 번째 키워드는 '가치'이다.

필자는 '어떻게 살아야 하는가?'라는 물음에 대한 대답이 '객관적'이어야 한다고 믿는다. '어떻게 살아야 하는가?'라는 물음에 대한 대답이 '객관적'일 수 있으려면 타당한 '근거'를 가지고, 그 근거 위에서 타인에게 그 정당성을 설명할 수 있어야 한다. 그리고 그 설명을 통해서 타인의 동의와 인정 혹은 비판과 반론을 허용할 수 있어야 한다. 이러한 비판적 토론과 검토의 가능성이 차단된 상태에서 찾아낸 대답은 단순한, 즉 근거가 결여된 의견에 불과한 것이다. 이런 의미의 '단순한' 의견이야말로 철학이 가장 경계하고 멀리해야 할 것이다. 이 책이 독자가 행복에 대해 평소에 가지고 있던 막연하면서도 '단순한' 생각에서 벗어나도록 조금이나마 도움을 줄 수 있다면, 독자들로부터 약간이나마 '객관적'이라는 평가를 받을 수 있다면, 저자로서 그보다 더 큰 위로와 다행은 없을 것이다.

필자는 몇 년 전 필자가 운영하는 수업의 교재인 『행복의 철학』(계명대학교출판부, 2019)에서 '행복'을 키워드 삼아 소크라테스부터 카뮈에 이르는 역사적 고찰을 시도한 바 있다. 『행복의 철학』은 전통 철학자들의 견해를 차례로 소개한다는 점에서 나름대로 장점을 가지지만, 현대철학적 논의가 생략된 것은 아쉬움으로 남는다. 이번에 새롭게 선보이는 『아르스 비

벤디: 어떻게 살아야 하는가?』는 이러한 단점을 보완하기 위해 '행복'의 문제를 현대철학의 시각에서 '문제 중심적'으로 접근한 것이다. 역사적 접근이 수직적이라면, 문제 중심적 접근은 수평적이다. 두 가지 고찰 방식이 서로 씨줄과 날줄처럼 엮이어 '행복'이라는 철학적 근본 문제를 학생들이 좀 더 넓고, 깊이, 총체적으로 이해할 수 있게 되기를 바란다.

참고문헌

Reference

노직, R., 『아나키에서 유토피아로: 자유주의 국가의 철학적 기초』, 남경희 옮김, 문학과 지성사, 1983.

롤즈, J., 『정의론』, 황경식 옮김, 이학사, 2022.

마르쿠제, H., 『일차원적 인간』, 박병진 옮김, 한마음사, 2009.

매슬로, A., 『동기와 성격』, 오혜경 옮김, 연암서가, 2021.

무어, G. E., 『윤리학 원리』, 김상득 옮김, 아카넷, 2018.

쇼펜하우어, A., 『의지와 표상으로서의 세계』, 홍성광 옮김, 을유문화사, 2019.

아리스토텔레스, 『니코마코스 윤리학』, 강상진·김재홍·이창우 옮김, 길, 2012.

______, 『에우데모스 윤리학』, 송유레 옮김, 한길사, 2012.

______, 『정치학』, 김재홍 옮김, 길, 2017.

원, C., 『아리스토텔레스의 「니코마코스 윤리학」 입문』, 김요한 옮김, 서광사, 2011.

칙센트미하이, M., 『FLOW: 몰입, 미치도록 행복한 나를 만난다』, 최인수 옮김, 한울림, 2022.

카뮈, A.,「시지프 신화」,『알베르 카뮈 전집 2』, 김화영 옮김, 책세상, 2013.

칸트, I.,『도덕형이상학정초』, 김석수·김종국 옮김, 한길사, 2020.

______,『순수이성비판』, 백종현 옮김, 아카넷, 2020.

______,『실천이성비판』, 김석수·김종국 옮김, 한길사, 2020.

______,『판단력비판』, 백종현 옮김, 아카넷, 2021.

톨스토이,『안나 카레니나』, 장영재 옮김, 교보문고, 2017.

플라톤,『고르기아스』, 김인곤 옮김, 이제이북스, 2011.

______,『국가』, 박종현 역주, 서광사, 2012.

Allport, Gordon W., *Gestalt und Wachstum in der Persönlichkeit*, Meisenheim am Glan 1970.

Aristoteles, *Protreptikos. Hinführung zur Philosophie*, Darmstadt 2005.

Bayertz, Kurt, *Warum überhaupt moralisch sein?*, München 2004.

Bentham, Jeremy, "Eine Einführung in die Prinzipien der

Moral und der Gesetzgebung", in: Otfried Höffe(Hrsg.), *Einführung in die utilitaristische Ethik*, Tübingen 1992, S. 55-83.

Epikur, *Briefe, Sprüche, Werkfragmente*, Stuttgart 1997.

Forschner, Maximilian, *Über das Glück des Menschen*, Darmstadt 1993.

Frankl, Viktor, *Der leidende Mensch. Anthropologische Grundlagen der Psychotherapie*, Bern 1996.

______, *Der Wille zum Sinn*, Bern/Stuttgart/Wien 1992.

______, *Logotherapie und Existenzanalyse*, Berlin/München 1994.

Fromm, Erich, *Psychoanalyse und Ethik. Bausteine zu einer humanistischen Charakterologie*, München 2011.

Fürstenberg, Friedrich, "Soziale Muster der Realisierung von Glückserwartungen", in: Herbert Kundler(Hrsg.), *Anatomie des Glücks*, Köln 1971, S. 58-70.

Galtung, Johan, *Menschenrechte – anders gesehen*, Frankfurt a. M. 1994.

Gerhardt, Gerd, *Zur Kritik des Moralverständnisses*, Bonn 1989.

Glatzer, Wolfgang, "Einkommensverteilung und Einkommenszufriedenheit", in: Wolfgang Glatzer/ Wolfgang Zapf(Hrsg.), *Lebensqualität in der Bundesrepublick*, Frankfurt a. M. 1984, S. 45–72.

Griffin, James, *Well–being, Its meaning, measurement, and moral importance*, Oxford 1986.

Habermas, Jürgen, *Die Einbeziehung des Anderen*, Frankfurt a. M. 1999.

Hadot, Pierre, *Wege zur Weisheit oder Was lehrt uns die antike Philosophie?*, Frankfurt a. M. 1999. 18.

Höffe, Otfried(Hrsg.), *Einführung in die utilitaristische Ethik*, Tübingen 1992.

_____(Hrsg.), *Lexikon der Ethik*, München 1997.

_____, *Aristoteles*, München 1996.

_____, *Das Glück*, Fernuniversität Hagen 2004.

Honneth, Axel, *Kampf um Anerkennung*, Frankfurt. M. 1992.

Horn, Christoph, "Wie hätte eine Philosophie des gelingenden Lebens unter Gegenwartsbedingungen auszusehen?", in: *Allgemeine Zeitschrift für Philosophie 25*, S. 323-345.

_____, *Antike Lebenskunst. Glück und Moral von Sokrates bis zu den Neuplatonikern*, München 1998.

_____, *Einführung in die politische Philosophie*, Darmstadt 2003.

Hossenfelder, Malte, "Die Rolle des Glücksbegriffs in der Moralphilosophie", in: Joachim Schummer(Hrsg.), *Glück und Ethik*, Würzburg 1998, S. 169-188.

_____, *Epikur*, München 1991.

Hügli, A., "Mutmaßungen über den Ort des Glücks in der Ethik der Neuzeit", in: E. Angehrn, B. Baertschi(Hrsg.), *Die Philosophie und die Frage nach dem Glück*, Studia philosophica 56, S. 33-64.

Kambartel, Friedrich, "Universalität als Lebensform", in: Willi Ölmüller(Hrsg.), *Normenbegründung und Normendurchsetzung*, Paderborn 1978, Bd. 2, S. 11-21.

Klein, Stefan, *Die Glücksformel oder Wie die guten Gefühle entstehen*, Reinbek bei Hamburg 2002.

Krämer, Hans, "Selbstverwirklichung", in: Holmer Steinfath(Hrsg.), *Was ist ein gutes Leben? Philosophische Reflexionen*, Suhrkamp 1998, S. 94-123.

______, *Integrative Ethik*, Frankfurt a. M. 1992.

Krebs, Angelika, "Werden Menschen schwanger? Das 'gute menschliche Leben' und die Geschlechterdifferenz", in: Holmer Steinfath(Hg.), *Was ist ein gutes Leben?*

Philosophische Reflexionen, Frankfurt a. M. 1998, S. 235-247.

MacIntyre, Alasdair, *Der Verlust der Tugend. Zur moralischen Krise der Gegenwart*, Frankfurt a. M. 1995.

Mayring, Philipp, *Psychologie des Glücks*, Stuttgart 1991.

Mill, John Stuart, *Der Utilitarismus*, Stuttgart 1991.

Nussbaum, Martha, C., *Gerechtigkeit oder Das gute Leben*, Frankfurt a. M. 1999.

Parfit, Derek, *Reasons and Persons*, Oxford, 1984.

Pollmann, A., "Gut in Form. Die neuere Debatte um eine Philosophie des 'guten Lebens' im Überblick", in: *Deutsche Zeitschrift für Philosophie 47*, S. 673-691.

Rheinberg, Falko, *Motivation*, Stuttgart 1997.

Seel, Martin, "Das Gute und das Richtige", in: Christoph Menke/Martin Seel(Hrsg.), *Zur Verteidigung der Vernunft gegen ihre Liebhaber und Verächter*, Frankfurt a. M.

1993, S. 219–241.

______, *Versuch über die Form des Glücks*, Frankfurt a. M. 1995.

Seneca, L. Annaeus, *Vom glückseligen Leben und andere Schriften*, Stuttgart 1993.

Spaemann, Robert, "Die Zweideutigkeit des Glücks", in: Walther Zimmerli(Hrsg.), *Zweckmäßigkeit und menschliches Glück*, Bamberg 1994, S. 15–34.

Steiner, Claude, *Wie man Lebenspläne verändert*, Paderborn 2000.

Steinfach, Holmer, "Selbstbejahung, Selbstreflexion und Sinnbedürfnis", in: Ders.(Hrsg.), *Was ist ein gutes Leben?*, Frankfurt a. M. 1998, S. 73–93.

______, "Einführung: Die Thematik des guten Lebens in der gegenwärtigen philosophischen Diskussion", in: Ders.(Hrsg.), *Was ist ein gutes Leben? Philosophische*

Reflexionen, Suhrkamp 1998.

______, *Orientierung am Guten*, Frankfurt a. M. 2001.

Stemmer, Peter, "Was es heißt, ein gutes Leben zu leben", in: Holmer Steinfath(Hrsg.), *Was ist ein gutes Leben? Philosophische Reflexionen*, Suhrkamp 1998.

Tatarkiewicz, Wladyslaw, *Über das Glück*, Stuttgart 1984.

Taylor, Charles, *Quellen des Selbst. Die Entstehung der neuzeitlichen Identität*, Frankfurt a. M. 1996.

Theunissen, Michael, *Selbstverwirklichung und Allgemeinheit. Zur Kritik des gegenwärtigen Bewußtseins*, Berlin/New-York 1982.

Thurnherr, Urs, *Vernetzte Ethik. Zur Moral und Ethik von Lebensformen*, Freiburg 2001.

Urmson, James O., *Aristotle's Ethics*, Oxford, 1988.

Wolf, Susan, "Glück und Sinn. Zwei Aspekte des guten Lebens", in: Holmer Steinfath(Hrsg.), *Was ist ein gutes*

Leben?, Frankfurt a. M. 1998, S. 167–195.

Wolf, Ursula, "Über den Sinn der Aristotelischen Mesoteslehre", *Phronesis*, Vol. 33, 1988, S. 54–75.

미주

Endnote

01 막스 베버, 『직업으로서의 학문』, 전성우 옮김, 나남, 2017, 65쪽 참고. 사실 이 말은 막스 베버가 톨스토이를 인용한 것이다. 여기서 중요한 것은 - 베버 스스로 강조하듯이 - '어떻게 살아야 하는가?'라는 물음에 대해 학문이 왜 아무런 대답도 "줄 수 없는지를 이해하는 것"이다.(같은 곳) 아울러 베버는 물음을 올바르게 제기할 경우 "혹시 무엇인가를 [학문이] 제공해 줄 수" 있을지도 모른다는 말을 덧붙이고 있다.(같은 곳)

02 Peter Stemmer, "Was es heißt, ein gutes Leben zu leben", in: Holmer Steinfath(Hrsg.), *Was ist ein gutes Leben? Philosophische Reflexionen*, Suhrkamp 1998, S. 61.

03 Holmer Steinfath, "Einführung: Die Thematik des guten Lebens in der gegenwärtigen philosophischen Diskussion", in: Ders.(Hrsg.), *Was ist ein gutes Leben? Philosophische Reflexionen*, Suhrkamp 1998. S. 7.

04 '좋다'라는 말의 의미를 철학적으로 - 언어 분석적 관점에서 - 처음 물은 것은 무어G. E. Moore라고 한다.(조지 에드워드 무어, 『윤리학 원리』, 김상득 옮김, 아카넷, 2018.) 그러나 이것이 무어 이전에는 철학이 '좋다'라는 말의 의미에 대해서 전혀 묻지 않았음을 뜻하는 것은 결코 아니다. 왜냐하면 플라톤은 무어보다 훨씬 전에 '좋다'라는 말의 의미에 대한 물음을 명료하게 제기한 바 있기 때문이다.

05 플라톤, 『국가』, 박종현 역주, 서광사, 2012, 제1권, 353b 이하.

06 아리스토텔레스, 『니코마코스 윤리학』, 강상진·김재홍·이창우 옮김, 길, 2012, 1106a 이하.

07 아리스토텔레스, 앞의 책, 1097b 이하.

08 플라톤, 앞의 책, 353a 이하.

09 Vgl. Holmer Steinfath, a.a.O., S. 7-10.

10 칸트 윤리학에 대한 비판은 크게 세 가지로 압축된다. 첫째, 칸트의 의무 윤

리학은 이성적 자기규정에 의한 삶을 '좋은 삶'으로 전제하고 있다. 그러나 왜 이성적 자기규정이 좋은 삶인지에 대한 근거 제시는 명확하게 이루어지지 않고 있다. 둘째, 칸트가 말하는 도덕의 순수성은 형식적이고 공허하다. 인간이 왜 도덕적이어야 하는지에 대한 물음은 어떤 식으로든 '내용적'으로 좋은 것을 제시하지 않고서는 제대로 대답할 수 없다. 셋째, 좋은 삶의 실현에 도움이 되지 않음에도 인간이 도덕적으로 살아야 할 어떤 명분이나 이유를 찾기 힘들다. Martha C. Nussbaum, *Gerechtigkeit oder Das gute Leben*, Frankfurt a.M. 1999, S. 34-39. Holmer Steinfath, a. a. O., S. 11.

11 행복에 대한 현대 철학의 활발한 논의 현황에 대해서는 Vgl. A., Hügli, "Mutmaßungen über den Ort des Glücks in der Ethik der Neuzeit", in: E. Angehrn, B. Baertschi(Hrsg.), *Die Philosophie und die Frage nach dem Glück*, Studia philosophica 56, S. 33-64. A., Pollmann, "Gut in Form. Die neuere Debatte um eine Philosophie des 'guten Lebens' im Überblick", in: *Deutsche Zeitschrift für Philosophie* 47, S. 673-691. C., Horn, "Wie hätte eine Philosophie des gelingenden Lebens unter Gegenwartsbedingungen auszusehen?", in: *Allgemeine Zeitschrift für Philosophie* 25, S. 323-345.

12 Holmer Steinfath, *Was ist ein gutes Leben? Philosophische Reflexionen*, Suhrkamp 1998, S. 10. 앞으로 필자는 '좋은 삶'과 '행복한 삶'이라는 두 가지 표현을 적절하게 혼용해 나갈 생각이다. '좋은 삶'이라 부르든 '행복한 삶'이라 부르든, 사람들이 '바람직'하다고 여기는 삶의 의미와 방식의 해명이 이 책의 주제이고, 이 주제에 집중하기 위해서는 두 가지 표현의 미세한 차이에 대한 논의를 일단 접어둘 필요가 있었기 때문이다.(물론 '좋은 삶'과 '행복한 삶'의 관계에 대한 철학적 논의가 불필요하다거나 중요하지 않다고 말하는 것은 아니다.)

13 Jürgen Habermas, *Die Einbeziehung des Anderen*, Frankfurt a. M. 1999. S. 43. 하버마스와 그의 의견에 동조하는 사람들은 수직적 관계를 윤

리적ethisch이라는 말로, 수평적 관계를 도덕적moralisch이라는 말로 부르고 싶어 한다. 그러나 이런 식으로 윤리와 도덕을 나누는 것은 오히려 혼란을 초래한다. 왜냐하면 '윤리'와 '도덕'은 이들이 제안하는 것과 전혀 다른 의미로 사용되는 경우가 많기 때문이다. 즉 일반적으로 '도덕'은 한 공동체 내에서 통용되는 규범과 가치 기준을 가리키고, '윤리'는 이러한 도덕적 규범과 가치에 대한 이론적 탐구를 의미하는 경우가 많기 때문이다.

14 자기 이익에 대한 고대적 이해와 근대적 이해의 차이에 대해서는 Vgl. Kurt Bayertz, *Warum überhaupt moralisch sein?*, München 2004. S. 178f.

15 Hans Krämer, *Integrative Ethik*, Frankfurt a. M. 1992. S. 9.

16 Christoph Horn, *Antike Lebenskunst. Glück und Moral von Sokrates bis zu den Neuplatonikern*, München 1998. S. 192.

17 Pierre Hadot, *Wege zur Weisheit oder Was lehrt uns die antike Philosophie?*, Frankfurt a. M. 1999. S. 18.

18 아리스토텔레스, 『니코마코스 윤리학』, 강상진·김재홍·이창우 옮김, 길, 2012, 1095a16.

19 Maximilian Forschner, *Über das Glück des Menschen*, Darmstadt 1993. S. 1.

20 L. Annaeus, Seneca, *Vom glückseligen Leben und andere Schriften*, Stuttgart 1993. Kapitel 6.

21 Aristoteles, *Protreptikos*. Hinführung zur Philosophie, Darmstadt 2005. B9.

22 플라톤, 『고르기아스』, 김인곤 옮김, 이제이북스, 2011. 507b.

23 Hans Krämer, a.a.O., S. 40.

24 Christoph Horn, *Antike Lebenskunst. Glück und Moral von Sokrates bis zu den Neuplatonikern*, München 1998. S. 203.

25 Hans Krämer, a.a.O., S. 40.

26 Hans Krämer, a.a.O., S. 101.

27 Hans Krämer, a.a.O., S. 98.

28 Vgl. Holmer Steinfath, a.a.O., S. 7-31.

29 임마누엘 칸트, 『실천이성비판』, 김석수·김종국 옮김, 한길사, 2020, A224.

30 임마누엘 칸트, 『도덕형이상학정초』, 김석수·김종국 옮김, 한길사, 2020, A46.

31 임마누엘 칸트, 『순수이성비판』, 백종현 옮김, 아카넷, 2020, A 806/B 834.

32 임마누엘 칸트, 『판단력비판』, 백종현 옮김, 아카넷, 2021, B390.

33 임마누엘 칸트, 『실천이성비판』, 김석수·김종국 옮김, 한길사, 2020, A 201.

34 임마누엘 칸트, 같은 책, A 212.

35 로버트 노직, 『아나키에서 유토피아로: 자유주의 국가의 철학적 기초』, 남경희 옮김, 문학과 지성사, 1983, 69쪽.

36 네이버 국어사전 참고. Being AI에게 '쾌락의 뜻'을 물어본 결과도 크게 다르지 않다. 쾌락은 "유쾌하고 즐거운 느낌"이다. 그러나 "일시적인 즐거움뿐 아니라 자아실현 등으로 비롯될 수 있는 지속적인 즐거움까지 포괄"한다고 설명함으로써 그 뜻을 보다 넓게 정의한다는 점에서 약간의 차이를 보인다

37 Stefan Klein, *Die Glücksformel oder Wie die guten Gefühle entstehen*, Reinbek bei Hamburg 2002, S. 123f.

38 지그문트 프로이트, 『문명 속의 불만』, 김석희 옮김, 열린책들, 2020, 258쪽 이하.

39 지그문트 프로이트, 같은 책, 266쪽.

40 같은 곳

41 칸트도 이점을 부정하지 않았다. 단지 칸트는 인간에게는 다른 삶의 방식도 허용되어 있으며, 자연적 욕구 충족에 도전하라고 주장할 뿐이다.

42 Erich Fromm, *Psychoanalyse und Ethik. Bausteine zu einer humanistischen Charakterologie*, München 2011, S. 145f.

43 Vgl. Gordon W. Allport, *Gestalt und Wachstum in der Persönlichkeit*, Meisenheim am Glan 1970, S. 88.

44 지그문트 프로이트, 같은 책, 263쪽 이하.

45 아리스토텔레스, 『니코마코스 윤리학』, 강상진·김재홍·이창우 옮김, 길, 2012, 1173b9-12.

46 아리스토텔레스가 『에우데모스 윤리학』의 서두를 이렇게 시작하는 것은 결코 우연이 아니다. "델로스의 성역 내의 레토 신전 입구에 비명을 새겨 자신의 견해를 공표한 어떤 이는 좋음과 아름다움 그리고 즐거움[쾌락]이 같은 것에 속하지 않고 서로 다르다고 판별하면서 다음과 같은 시구를 지었다. '가장 정의로운 것이 가장 아름답고, 건강한 것이 가장 좋지만 가장 즐거운 것은 자신이 사랑하는 것을 얻는 것이다.' 그러나 우리는 그에게 동의하지 말자. 왜냐하면 행복이 만물 가운데 가장 아름답고도 가장 좋으면서 가장 즐겁기 때문이다."(아리스토텔레스, 『에우데모스 윤리학』, 송유레 옮김, 한길사, 2012. 1214a.

47 아리스토텔레스, 『니코마코스 윤리학』, 강상진·김재홍·이창우 옮김, 길, 2012, 1153b20.

48 아리스토텔레스, 같은 책, 1174a1-8.

49 아리스토텔레스, 같은 책, 1174b20.

50 양념의 본질이 음식을 맛있게 하기 위한 기능에 있듯이, 쾌락은 어떤 활동(행위)의 완성도를 높이기 위한 것에 그 기능이 있다. 양념이 음식의 완성

을 위해 필요하듯이, 쾌락 역시 활동의 완성을 위해 필요하다. “따라서 즐거움[쾌락]의 기능은 우리가 즐거움을 추구하는 과정 속에서 우리의 활동들을 완전한 것으로 만드는 것이다.”(크리스토퍼 원, 『아리스토텔레스의 「니코마코스 윤리학」 입문』, 김요한 옮김, 서광사, 2011, 246쪽)

51 어떤 양념이 얼마나 훌륭한가, 얼마나 가치 있느냐 하는 것은, 그 양념이 들어감으로써 음식이 얼마나 훌륭한 맛을 내느냐에 달려 있다. 좋은 양념이냐 아니냐 하는 것은 음식의 맛에 대한 평가를 통해 결정될 수 있을 뿐이다.

52 아리스토텔레스, 같은 책, 1174a10.

53 아리스토텔레스, 같은 책, 1176a10.

54 아리스토텔레스, 같은 책, 1105a5.

55 아리스토텔레스, 같은 책, 1095b20.

56 James O. Urmson, *Aristotle's Ethics*, Oxford, 1988, p. 28-37.

57 아리스토텔레스, 같은 책, 1121a.

58 아리스토텔레스, 같은 책, 1107a5. 아리스토텔레스의 중도 개념에 대한 연구로는 Vgl. Ursula Wolf, “Über den Sinn der Aristotelischen Mesoteslehre”, Phronesis, Vol. 33, 1988, S. 54-75.

59 아리스토텔레스, 같은 책, 1127a25.

60 아리스토텔레스, 같은 책, 1128a30.

61 아리스토텔레스, 같은 책, 1166a15. 자기가 자기 아닌 다른 사람으로 존재할 수 있는가? 하이데거에 의하면 가능하다. 그의 생각에 의하면 인간은 자기 자신으로 살아가기보다는 오히려 언제나 이미 다른 존재(타인)를 모방하며 살아간다. 이러한 방식의 존재를 일컬어 하이데거는 ‘비본래적 실존’이라고 한다. 비본래적 실존의 일상을 살아가는 인간의 자연스러운 모습이다. ‘자기합일’이 스푸다이오스의 본질적 특징이라면 하이데거가 말하는 ‘본래적 인간’은 결국 아리스토텔레스의 스푸다이오스와 크게 다르지 않다.

왜냐하면 하이데거 역시 '본래적 인간'의 특징을 타인 아닌 자기 자신으로 실존하는 것에서 찾았기 때문이다. 즉 본래성이란 - 타인이 아니라 - 자기가 자기 자신으로 존재하는 것, 즉 '자기합일'의 방식으로 존재하는 것 이외의 다른 것이 아니다. 여기에서 우리는 하이데거가 말하는 실존의 '본래성'과 아리스토텔레스가 말하는 스푸다이오스의 유사성을 발견할 수 있다.

62 아리스토텔레스, 같은 책, 1119a10.

63 아리스토텔레스, 같은 책, 1126b10.

64 아리스토텔레스, 같은 책, 1125a15.

65 아리스토텔레스, 같은 책, 1116b25.

66 아리스토텔레스, 같은 책, 1116b5.

67 아리스토텔레스, 같은 책, 1116b1.

68 에피쿠로스가 대표하는 고대의 쾌락주의가 '쾌락은 궁극적으로 자기의 행복을 위한 것'이라고 가르침으로써 근본적으로 개인주의적 방향성을 가진 것이었다면, 근대의 쾌락주의는 공동체적 성격을 가지는 쪽으로 발전했다. 즉 고전적 공리주의의 창시자인 벤담Jeremy Bentham은, 최대한의 쾌락 경험이 행위 하는 사람 자신만이 아니라, 그 행위와 관계하는 모든 다른 사람들까지 위해야 한다는 행위 원칙을 수립했다.

69 Epikur, *Briefe, Sprüche, Werkfragmente*, Stuttgart 1997, Abschnitt 5.

70 Epikur, a.a.O., Abschnitt 6.

71 Malte Hossenfelder, *Epikur*, München 1991, S. 73.

72 Malte Hossenfelder, a.a.O., S. 66.

73 Epikur, a.a.O., S. 124.

74 Epikur, a.a.O., Abschnitt 3.

75 Epikur, a.a.O., Abschnitt 8.

76 Malte Hossenfelder, a.a.O., S. 94.

77 Epikur, a.a.O., Abschnitt 4.

78 Malte Hossenfelder, *Die Rolle des Glücksbegriffs in der Moralphilosophie*, S. 180 f.

79 Otfried Höffe(Hrsg.), *Einführung in die utilitaristische Ethik*, Tübingen 1992, S. 13.

80 Otfried Höffe(Hrsg.), a.a.O., S. 10f.

81 John Stuart Mill, *Der Utilitarismus*, Stuttgart 1991, S. 13.

82 Jeremy Bentham, "Eine Einführung in die Prinzipien der Moral und der Gesetzgebung", in: Otfried Höffe(Hrsg.), *Einführung in die utilitaristische Ethik*, Tübingen 1992, S. 55-83, S. 56.

83 Otfried Höffe(Hrsg.), a.a.O., S. 11.

84 Jeremy Bentham, a.a.O., S. 55-83, S. 58.

85 Jeremy Bentham, a.a.O., S. 55.

86 John Stuart Mill, a.a.O., S. 60 f.

87 Otfried Höffe(Hrsg.), a.a.O., S. 22. '압정 놀이'는 벤담이 살았던 당시 어린이들 사이에 유행하던 놀이로 알려져 있다.

88 John Stuart Mill, a.a.O., S. 18.

89 John Stuart Mill, a.a.O., S. 25.

90 John Stuart Mill, a.a.O., S. 24.

91 John Stuart Mill, a.a.O., S. 16.

92 Erich Fromm, *Psychoanalyse und Ethik. Bausteine zu einer humanistischen Charakterologie*, München 2011, S. 26.

93 John Stuart Mill, a.a.O., Stuttgart 1991, S. 21.

94 John Stuart Mill, a.a.O., Stuttgart 1991, S. 17.

95 Viktor Frankl, *Der Wille zum Sinn*, Bern/Stuttgart/Wien 1992, S. 267.

96 Maximilian Forschner, “Über das Vergnügen naturgemäßen Tuns”, in: Joachim Schummer(Hrsg.), *Glück und Ethik*, Würzburg 1998, S. 147-168. S. 156.

97 Viktor Frankl, *Logotherapie und Existenzanalyse*, Berlin/München 1994, S. 104.

98 Viktor Frankl, *Der Wille zum Sinn*, Bern/Stuttgart/Wien 1992, S. 21.

99 로버트 노직, 『아나키에서 유토피아로: 자유주의 국가의 철학적 기초』, 남경희 옮김, 문학과 지성사, 1983, 68-71쪽.

100 아리스토텔레스, 『니코마코스 윤리학』, 강상진·김재홍·이창우 옮김, 길, 2012, 1095b16.

101 아리스토텔레스, 같은 책, 1174a8.

102 존 롤즈, 『정의론』, 황경식 옮김, 이학사, 2022, 529쪽.

103 셀Martin Seel은 칸트의 문장에서 “모든”을 “적지 않은”으로 수정하여 이렇게 말한다. “좋은 삶은 우리가 가지고 있는 소망들 가운데 적지 않은 소망들의 충족을 의미한다.” Martin Seel, a.a.O., S. 79.

104 Martin Seel, a.a.O., S. 126.

105 이 설명은 기원전 49년 시저가 오랜 숙고 끝에 루비콘강을 건넘으로써 시민전쟁이 일어나게 된 역사적 사건을 배경으로 한다. Falko Rheinberg, *Motivation*, Stuttgart 1997, S. 168f.

106 Martin Seel, a.a.O., S. 89.

107 Holmer Steinfath, *Orientierung am Guten*, Frankfurt a. M. 2001, S.

292.

108 James Griffin, *Well-being, Its meaning, measurement, and moral importance*, Oxford 1986. p. 11.

109 Erich Fromm, *Psychoanalyse und Ethik. Bausteine zu einer humanistischen Charakterologie*, München 2011, S. 11.

110 Martin Seel, a.a.O., S. 92.

111 Vgl. Peter Stemmer, "Was es heißt, ein gutes Leben zu leben", in: Holmer Steinfath(Hrsg.), *Was ist ein gutes Leben? Philosophische Reflexionen*, Suhrkamp 1998, S. 66.

112 Holmer Steinfach, "Selbstbejahung, Selbstreflexion und Sinnbedürfnis", in: Ders.(Hrsg.), *Was ist ein gutes Leben?*, Frankfurt a. M. 1998, S. 73-93. S. 91.

113 Martin Seel, a.a.O., S. 96.

114 Peter Stemmer, a.a.O., S. 65ff.

115 Peter Stemmer, a.a.O., S. 63.

116 Malte Hossenfelder, "Die Rolle des Glücksbegriffs in der Moralphilosophie", in: Joachim Schummer(Hrsg.), *Glück und Ethik*, Würzburg 1998, S. 169-188. S. 182.

117 미하이 칙센트미하이, 『FLOW: 몰입, 미치도록 행복한 나를 만나다』, 최인수 옮김, 한울림, 2022. 40쪽.

118 Holmer Steinfath, a.a.O., S. 82.

119 아르투어 쇼펜하우어, 『의지와 표상으로서의 세계』, 홍성광 옮김, 을유문화사, 2019. 428쪽.

120 Martin Seel, a.a.O., S. 113.

121 톨스토이, 『안나 카레니나』, 장영재 옮김, 교보문고, 2017. 5부 8장

122 미하이 칙센트미하이, 『FLOW: 몰입, 미치도록 행복한 나를 만난다』, 최인수 옮김, 한울림, 2022. 274쪽.

123 Holmer Steinfach, a.a.O., S. 82.

124 알베르 카뮈, 「시지프 신화」, 『알베르 카뮈 전집 2』, 김화영 옮김, 책세상, 2013, 330쪽 이하.

125 Susan Wolf, "Glück und Sinn. Zwei Aspekte des guten Lebens", in: Holmer Steinfath (Hrsg.), *Was ist ein gutes Leben?*, Frankfurt a. M. 1998, S. 167-195, S. 170.

126 미하이 칙센트미하이, 『FLOW: 몰입, 미치도록 행복한 나를 만난다』, 최인수 옮김, 한울림, 2022. 382쪽.

127 미하이 칙센트미하이, 같은 책, 382쪽 이하.

128 Martin Seel, a.a.O., S. 94.

129 Holmer Steinfach, a.a.O., S. 80.

130 https://www.khan.co.kr/people/obituary/article/202008032148045(검색일: 2021년 2월 10일)

131 Vgl. Claude Steiner, *Wie man Lebenspläne verändert*, Paderborn 2000, S. 38.

132 Otfried Höffe, *Das Glück*, Fernuniversität Hagen 2004, S. 19.

133 Ebd.

134 Hans Krämer, "Selbstverwirklichung", in: Holmer Steinfath(Hrsg.), *Was ist ein gutes Leben? Philosophische Reflexionen*, Suhrkamp 1998, 94-123. S. 95.

135 에리히 프롬, 『자기를 위한 인간』, 강주헌 옮김, 나무생각, 2018, 273쪽

136 같은 곳

137 같은 곳

138 Alan Gewirth, *Self-Fulfillment*, Princeton 1998, p. 3. 인용에서 드러나듯이 거위스Alan Gewirth는 자기실현을 우선 역량의 계발, 즉 인간의 잠재력을 발굴하고 꽃피우는 것으로 이해한다. 자기실현은 또한 소망 성취, 즉 간절하게 바라는 염원이 실현되는 것을 의미하기도 한다. 자기실현을 역량의 발굴과 계발로 이해하면 고대철학자들이 강조했던 탁월성 모델을 따르게 되는 것이고, 소망의 성취로 이해하면 루소에서 밀로 이어지는 근대 자유주의 전통을 따르게 된다.(같은 책 p. 15 참고)

139 Michael Theunissen, *Selbstverwirklichung und Allgemeinheit. Zur Kritik des gegenwärtigen Bewußtseins*, Berlin/New-York 1982, S. 2.

140 Alan Gewirth, a.a.O., p. 15.

141 Michael Theunissen, a.a.O., S. 153.

142 Gerd Gerhardt, *Zur Kritik des Moralverständnisses*, Bonn 1989, S. 63.

143 "인간의 자기성취와 자기실현이라는 유행어는 얼마나 유혹적인가!" Viktor Frankl, *Logotherapie und Existenzanalyse*, Berlin/München 1994, S. 103.

144 Ebd.

145 Viktor Frankl, *Der leidende Mensch. Anthropologische Grundlagen der Psychotherapie*, Bern 1996, S. 15.

146 Vgl. Dieter Birnbacher, "Philosophie des Glücks", in: *Information Philosophie*, 2006, Bd. 1. 8f.

147 Derek Parfit, *Reasons and Persons*, Oxford, 1984, p. 499.

148 Wladyslaw Tatarkiewicz, *Über das Glück*, Stuttgart 1984, S. 36.

149 이런 사실은 자동차 광고만 봐도 금방 확인된다. 제대로 된 직업을 가지지 못했다고 타박하던 엄마의 잔소리는 '유튜버' 아들이 타고 온 자동차를

본 순간 탄성으로 바뀌고 만다. 이 짧은 광고만큼 자동차가 현대인의 삶에서 얼마나 큰 비중을 차지하고 있는지를 잘 보여주는 것도 없다. 현대인에게 자동차의 '좋음'과 삶의 '좋음'은 비례한다고 말해도 지나치지 않다. 좋은 자동차는 그 소유주의 삶이 성공했다는 사실에 대한 가장 확실한 증거로 받아들여진다. 이 광고의 제목은 '2020 성공에 관하여'이다. https://www.youtube.com/watch?v=QmT2sywLntI(검색일: 2021년 10월 1일)

150 Friedrich Fürstenberg, "Soziale Muster der Realisierung von Glückserwartungen", in: Herbert Kundler(Hrsg.), *Anatomie des Glücks*, Köln 1971, S. 58-70, S. 66.

151 영화 '우리도 사랑일까'(Take This Waltz, 2011)는 한계효용 체감의 법칙이 사물의 영역을 벗어나서 심리 영역에서도 적용되는지를 묻는다. 한계효용 체감의 법칙을 벗어난 사랑, 이른바 '영원한' 사랑은 과연 존재하는 것일까?

152 Wolfgang Glatzer, "Einkommensverteilung und Einkommenszufriedenheit", in: Wolfgang Glatzer/Wolfgang Zapf(Hrsg.), *Lebensqualität in der Bundesrepublick*, Frankfurt a. M. 1984, S. 45-72. S. 55.

153 Philipp Mayring, *Psychologie des Glücks*, Stuttgart 1991, S. 61.

154 아리스토텔레스, 『니코마코스 윤리학』, 강상진·김재홍·이창우 옮김, 길, 2012, 1099a32.

155 아리스토텔레스, 『정치학』, 김재홍 옮김, 길, 2017, 1332a25.

156 에이브러햄 매슬로, 『동기와 성격』, 오혜경 옮김, 연암서가, 2021. 91쪽.

157 Angelika Krebs, "Werden Menschen schwanger? Das 'gute menschliche Leben' und die Geschlechterdifferenz", in: Holmer Steinfath(Hrsg.), *Was ist ein gutes Leben? Philosophische Reflexionen*, Frankfurt a. M. 1998, S. 235-247. S. 236.

158 이런 까닭에 크래머Hans Krämer는 윤리학의 주요 목표 가운데 하나로

서 고통과 위기 혹은 위협과 같은 '한계 경험'의 제거를 손꼽는다. 윤리학은 인생을 살아가면서 어떤 목표를 어떻게 설정할 것인가, 어떤 가치를 추구해야 할 것인가, 한마디로 말해서 인생의 진로 탐색에 도움을 주는 학문이다. 도대체 어떤 가치를 얼마나 추구해야 하는가? Vgl. Hans Krämer, *Intergrative Ethik*, Frankfurt a. M. 1992, S. 230.

159 에이브러햄 매슬로, 같은 책, 5쪽.

160 에이브러햄 매슬로, 같은 책, 98쪽.

161 에이브러햄 매슬로, 같은 책, 99쪽.

162 존중의 욕구가 나타나는 두 양상은 두 가지다. 하나는 "힘, 성취감, 적합성의 느낌, 숙달과 능력, 세상에 대한 자신감을 얻고 독립성과 자유를 추구하려는 욕구"이고, 다른 하나는 "덕망이나 신망, 지위, 명성, 영광, 지배, 인정, 관심, 가치, 존엄, 품위 등을 추구하려는 욕구"이다.(에이브러햄 매슬로, 같은 책, 101쪽.)

163 에이브러햄 매슬로, 같은 책, 102쪽.

164 에이브러햄 매슬로, 같은 책, 103쪽.

165 허버트 마르쿠제, 『일차원적 인간』, 박병진 옮김, 한마음사, 2009, 51쪽.

166 Martin Seel, *Versuch über die Form des Glücks*, Frankfurt a. M. 1995, S. 84.

167 Ebd.

168 Martin Seel, a.a.O., S. 85.

169 Martin Seel, a.a.O., S. 87.

170 Vgl. Martin Seel, a.a.O., S. 139ff.

171 Martin Seel, a.a.O., S. 149.

172 Martin Seel, a.a.O., S. 150.

173 Martin Seel, a.a.O., S. 166.

174 Urs Thurnherr, *Vernetzte Ethik. Zur Moral und Ethik von Lebensformen*, Freiburg 2001, S. 43.

175 Urs Thurnherr, a.a.O., S. 45.

176 Michael Theunissen, *Selbstverwirklichung und Allgemeinheit. Zur Kritik des gegenwärtigen Bewußtseins*, Berlin/New-York 1982, S. 27.

177 Friedrich Kambartel, "Universalität als Lebensform", in: Willi Ölmüller(Hrsg.), *Normenbegründung und Normendurchsetzung*, Paderborn 1978, Bd. 2, S. 11-21, S. 20.

178 Michael Theunissen, a.a.O., S. 49.

179 Charles Taylor, *Quellen des Selbst. Die Entstehung der neuzeitlichen Identität*, Frankfurt a. M. 1996, S. 118.

180 Charles Taylor, a.a.O., S. 60ff.

181 Charles Taylor, a.a.O., S. 16.

182 Charles Taylor, a.a.O., S. 124.

183 Charles Taylor, a.a.O., S. 174.

184 Alasdair MacIntyre, *Der Verlust der Tugend. Zur moralischen Krise der Gegenwart*, Frankfurt a. M. 1995. S. 297.

185 Alasdair MacIntyre, a.a.O., S. 294.

186 Alasdair MacIntyre, a.a.O., S. 125.

187 도덕적 상호 인정의 중요성과 다양한 방식에 대해서는 Vgl. Axel Honneth, *Kampf um Anerkennung*, Frankfurt. M. 1992.

188 Martin Seel, a.a.O., S. 196.

189 Christoph Horn, *Einführung in die politische Philosophie*, Darmstadt

2003, S. 99.

190 Martin Seel, "Das Gute und das Richtige", in: Christoph Menke/Martin Seel (Hrsg.), *Zur Verteidigung der Vernunft gegen ihre Liebhaber und Verächter*, Frankfurt a. M. 1993, S. 219-241, S. 227.

191 Axel Honneth, *Kampf um Anerkennung*, Frankfurt. M. 1992. S. 278f.

192 Martin Seel, a.a.O., S. 205.

193 Axel Honneth, a.a.O., S. 284.

194 Robert Spaemann, "Die Zweideutigkeit des Glücks", in: Walther Zimmerli(Hrsg.), *Zweckmäßigkeit und menschliches Glück*, Bamberg 1994, S. 15-34, S. 32f.

195 Artikel "Wohlwollen", in: Höffe, Otfried (Hrsg.), *Lexikon der Ethik*, München 1997, S. 346.

196 Ebd.

197 Hans Krämer, *Integrative Ethik*, Frankfurt a. M. 1992, S. 118.

저자 소개

Author Introduction

이유택

계명대학교 철학과와 동 대학교 대학원을 졸업하였다. 독일 아우크스부르크 대학교에서 하이데거 연구로 철학박사 학위를 취득하였다. 현재 계명대학교 타불라라사 칼리지 교수로 재직 중이다.

저서로 『인간과 실존』(2021), 『행복의 철학』(2020년 세종도서 학술부문 우수도서 선정)이 있다. 역서로는 『기술 의학 윤리: 책임원칙의 실천』(2006년 문화관광부 학술부문 우수도서 선정)이 있고, 논문으로는 「행복과 도덕: 플라톤, 칸트, 니체를 중심으로」, 「하이데거와 진리 개념의 확대 문제」, 「하이데거의 과학 비판」, 「하이데거의 존재론적 공간 이해」, 「하이데거의 전통 윤리학 비판과 근원윤리학의 이념」, 「철학의 학문성과 하이데거」, 「책임에 관한 철학적 성찰: 레비나스와 요나스를 중심으로」, 「요나스의 미래 윤리와 책임」 등이 있다.